Mais uma Alteração ao Regime Jurídico da Urbanização e da Edificação

Mais uma Alteração ao Regime Jurídico da Urbanização e da Edificação

(O DECRETO-LEI Nº 136/2014, DE 9 DE SETEMBRO)

2017 • Reimpressão

Fernanda Paula Oliveira

MAIS UMA ALTERAÇÃO AO REGIME
JURÍDICO DA URBANIZAÇÃO
E DA EDIFICAÇÃO
AUTORA
Fernanda Paula Oliveira
EDITOR
EDIÇÕES ALMEDINA, S.A.
Rua Fernandes Tomás, nºs 76-80
3000-167 Coimbra
Tel.: 239 851 904 · Fax: 239 851 901
www.almedina.net · editora@almedina.net
DESIGN DE CAPA
FBA.
PRÉ-IMPRESSÃO
EDIÇÕES ALMEDINA, S.A.
IMPRESSÃO E ACABAMENTO
DPS - DIGITAL PRINTING SERVICES, LDA
Fevereiro, 2017
DEPÓSITO LEGAL
384016/14

Apesar do cuidado e rigor colocados na elaboração da presente obra, devem os diplomas legais dela constantes ser sempre objecto de confirmação com as publicações oficiais.

Toda a reprodução desta obra, por fotocópia ou outro qualquer processo, sem prévia autorização escrita do Editor, é ilícita e passível de procedimento judicial contra o infractor.

BIBLIOTECA NACIONAL DE PORTUGAL – CATALOGAÇÃO NA PUBLICAÇÃO

OLIVEIRA, Fernanda Paula, 1967-

Mais uma alteração ao regime jurídico da urbanização
e da edificação. – (Monografias)
ISBN 978-972-40-5858-0

CDU 349

PREÂMBULO

O Decreto-Lei nº 136/2014, de 9 de setembro procede à décima terceira alteração ao Regime Jurídico da Urbanização e da Edificação (RJUE) aprovado pelo Decreto-Lei nº 555/99, de 16 de dezembro, e, ainda, a uma segunda alteração ao Decreto-Lei nº 307/2009, de 23 de outubro (que aprovou o Regime Jurídico da Reabilitação Urbana) e a uma primeira alteração ao Decreto-Lei nº 163/2006 de 8 de agosto (que define as condições de acessibilidade a satisfazer no projetos e na construção de espaços públicos, equipamentos coletivos e edifícios públicos e habitacionais).

No presente texto não procederemos a uma análise global dos regimes jurídicos objeto de alteração, nem sequer a uma análise das alterações efetuadas no RJUE no âmbito mais global da revisão em curso do direito do ordenamento do território e do urbanismo (que se iniciou com a publicação da Lei das Bases Gerais da Política Pública de Solos, de Ordenamento do Território e de Urbanismo, aprovada pela Lei nº 31/2014, de 30 de maio). O que aqui faremos é, tão só apenas, uma análise focada nas várias alterações que são introduzidas no Decreto-Lei nº 555/99, procurando compreende-las e sistematiza-las de uma forma lógica.

1. Novidades em matéria de delimitação das operações urbanísticas: uma nova noção de obras de reconstrução

Uma das novidades trazidas pelo Decreto-Lei nº 136/2014 corresponde, no que à definição das operações urbanísticas constantes do artigo 2º do RJUE diz respeito, à redefinição das *obras de reconstrução*: desaparece a distinção, até aqui existente, entre reconstrução com preservação de fachadas e reconstrução sem preservação de fachadas, bastando, agora, para estarmos perante uma obra de reconstrução, que esta incida sobre uma edificação existente da qual resulte, no que às fachadas diz respeito, a *reconstituição da sua estrutura*[1] [artigo 2º, alínea *c*)].

Continua, porém, a admitir-se que da reconstrução resulte o aumento da altura da fachada [o que não deixa de ser contraditório porque, nos termos da alínea *e*) do artigo 2º, o aumento da altura da fachada é uma das características típicas das obras de ampliação] ou do nº de pisos (que já não consta da definição de ampliação).

A configuração das obras de reconstrução como podendo implicar o aumento da altura da fachada e do nº de pisos não decorre do artigo 2º alínea *c*), mas do artigo 4º, que faz depender a sujeição a licenciamento ou a comunicação prévia das obras de reconstrução do facto de delas resultar ou não, respetivamente, aumento da altura da fachada ou do nº de pisos [cfr. alíneas *e*) do nº 2 e *a*) do nº 4).[2]

---

[1] O legislador devia definir em que consiste a estrutura da fachada, que passa a ser o conceito central da definição das obras de reconstrução e em relação ao qual não existe consenso técnico.

[2] O cabal entendimento do que seja cada uma das obras de edificação incidentes sobre edifícios existentes — *reconstrução, alteração* e *ampliação* — implica ter presente, desde logo, que elas se excluem mutuamente. Com efeito, uma ampliação não deixa de ser uma alteração do

Por seu lado, estando as obras de reconstrução que impliquem o aumento da altura das fachadas e do nº de pisos sujeitas a licenciamento, pergunta-se se existe um limite máximo (uma vez que deixa de se fazer referência ao limite dado pela altura das edificações confinantes mais altas) ou se é apenas o devido enquadramento na envolvente que deve ser tido como referência na apreciação do projeto, o que significa que, casos haverá em que a referida altura e nº de pisos podem ir para além daquele limite pois tal não é necessariamente equivalente de desenquadramento urbanístico. Julgamos que a resposta deve ir neste segundo sentido.

Por sua vez, não é correto, na nossa óptica, fazer-se uma equiparação entre *reconstrução de edifícios* e *reabilitação/regeneração urbanas*, como decorre do preâmbulo do Decreto-Lei aqui em análise. De facto, quanto a nós, a reconstrução de edifícios isolados não é, por si só, fator de revitalização económica, social e cultural nem de reforço da coesão social se a mesma não for devidamente integrada no âmbito de processos de reabilitação/ regeneração urbana adequadamente programados pelos municípios e com vista à implementação de estratégias municipais, onde se articulem adequadamente as várias políticas municipais setoriais (de mobilidade e transportes, cultural, social, energética, etc.). Se bem que a reabilitação (e

edifício, mas distingue-se desta por implicar o aumento da área total de construção, da área de implantação, da altura das fachadas ou o volume da edificação [conjugação das alínea *d)* e *e)* do artigo 2º]. Por sua vez, retira-se da conjugação das alíneas *c), d)* e *e)* deste mesmo normativo que a obra de reconstrução terá características distintas de uma alteração e de uma ampliação, pelo que implicará não apenas reconstituição da estrutura das fachadas, mas também a manutenção da sua estrutura resistente, do nº de fogos ou divisões interiores da edificação, da natureza e cores dos materiais de revestimento [caso contrário será uma obra de alteração – alínea *d)* do artigo 2º] bem como o não aumento da área total de construção, da área de implantação, da altura das fachadas ou do volume da edificação [caso contrário será uma obra de ampliação – alínea *e)* do artigo 2º]. Por sua vez, quanto a estes parâmetros, se o seu aumento corresponde a uma obra de ampliação a sua diminuição integrará o conceito de alteração. Por isso consideramos contraditória a referência, no artigo 4º, nº 2 alínea *e)*, às obras de reconstrução das quais resulte aumento da altura das fachadas: ou bem que o aumento da altura das fachadas integra o conceito de obra de ampliação, ou bem que não é essencial à sua configuração. Já a referência ao nº de pisos no conceito de obras de reconstrução não é contraditória na medida em que a sua modificação (para mais ou para menos) não surge referida nem no conceito de obras de ampliação nem no de obras de alteração, respetivamente. Refira-se, ainda que, na nossa ótica, ainda que o legislador não tenha definido o que deve entender-se por estrutura da fachada, temos as mais fortes dúvidas se o aumento da sua altura não implica uma modificação desta estrutura.

a reconstrução) de edifícios possa ser um passo importante para a reabilitação urbana, esta não se fica (nem se pode ficar) por aí.[3]

Refira-se, por fim, que a noção de reconstrução continua a ser pensada para os edifícios, sendo dificilmente ajustável a outras construções como, por exemplo, a de muros, em que não se pode falar de altura de fachada nem de número de pisos. Terá, por isso, de continuar a fazer-se uma adaptação da noção em referência a estas situações, considerando como basilar a manutenção dos elementos essenciais dos muros a reconstruir, *maxime* a sua localização e estrutura, mas em nosso entender, já não os materiais utilizados, por exemplo.[4]

---

[3] É por isso que o Regime Juridico da Reabilitação Urbana em vigor aponta no sentido de esta se apresentar como uma politica global que deve ser devidamente programada pelos municípios através da aprovação de operações integradas de reabilitação urbana (ORUs) em áreas de reabilitação urbana devidamente delimitadas e de acordo com instrumentos de programação da respetiva execução (estratégias ou programas estratégicos de reabilitação urbana consoante as ORUs sejam simples ou sistemáticas).

[4] Neste sentido, cfr. Fernanda Paula Oliveira, Maria José Castanheira Neves, Dulce Lopes e Fernanda Maçãs *Regime Jurídico da Urbanização e Edificação, Comentado*, 3ª edição, Coimbra, Almedina, 2011, p. 82-83.

2. Regulamentos municipais (artigo 3º do RJUE)

Outro dos artigos objeto de alteração é o artigo 3º do RJUE, referente aos regulamentos municipais, que surge agora mais densificado, tendo o legislador o cuidado de identificar, de uma forma bastante exaustiva, o âmbito de incidência material destes.

Não deixa de ser estranha esta exigência, tendo em conta o poder regulamentar autónomo de que dispõem os municípios, poder esse sujeito a um regime constitucional específico e que confere a estas entidades da Administração autónoma uma ampla margem de discricionariedade na determinação das matérias a regular. Com efeito, se bem que a regulamentação de muitas das matérias referidas neste artigo 3º seja regulamentação de execução, na medida em que é a própria lei que remete o seu tratamento para regulamento municipal sem o qual a mesma não tem execução (ou uma boa execução) – o caso da fixação do montante das taxas; da indicação da instituição e do número da conta bancária do município onde é possível efetuar do seu depósito; da definição das condições a observar na execução de operações urbanísticas objeto de comunicação prévia –, outras há cuja integração e tratamento em regulamento municipal depende da vontade do município [é o caso do disposto na alínea *a*) deste artigo 3º, podendo o município considerar suficientemente exaustiva a lista das obras de escassa relevância urbanística constante do artigo 6º-A e, por isso, não ter necessidade de identificar outras para além dessas, ou o caso da pormenorização dos aspetos que envolvam a formulação de valorações próprias do exercício da função administrativa].[5]

---

[5] Ainda que não seja obrigatória esta integração em regulamento municipal ela não deixa de ser útil ao objetivar e, por isso, tornar mais transparentes, os critérios de decisão da Administração, permitindo um maior convencimento dos particulares das decisões que os afetem.

Por sua vez, em relação a algumas dessas matérias, ainda que o município considere relevante discipliná-las por via regulamentar, tem, naturalmente, em nome da autonomia de que dispõe, de discricionariedade no seu tratamento: o caso da definição dos critérios morfológicos e estéticos a ter em consideração na apreciação dos projetos de urbanização e edificação.

Refira-se ainda o disposto na alínea *j)* do nº 2 que acentua a necessidade de se distinguir o que deve ser objeto de regulamentação em instrumento de gestão territorial e o que, por não ser matéria específica destes, pode constar de regulamento municipal, distinção que nem sempre se apresenta simples. Esta distinção é relevante pois se por um lado não pode ter tratamento num simples regulamento municipal matéria que é do domínio do planeamento (em cumprimento do princípio da tipicidade dos planos), também se deve afastar dos regulamentos dos planos matéria de carácter meramente técnico ou procedimental por esta opção tornar, por um lado, estes instrumentos demasiado pesados e por "rigidificar", por outro, tais normas por a alteração de um plano obedecer a trâmites procedimentais mais exigentes do que a alteração dos restantes regulamentos municipais.[6]

---

[6] Sobre esta questão em especial cfr. Fernanda Paula Oliveira, Maria José Castanheira Neves, Dulce Lopes e Fernanda Maçãs *Regime Jurídico da Urbanização e Edificação, cit,*. p. 86-87.

3. Os procedimentos ou tramites a desencadear antes da realização da operação urbanística

3.1. Âmbito do artigo 4º

O artigo 4º do RJUE, que desde a versão inicial identifica o âmbito de aplicação dos procedimentos de controlo prévio das operações urbanísticas, contém algumas novidades relativamente às versões anteriores, sendo talvez a mais importante aquela a que nos referiremos no ponto seguinte: a nova configuração da comunicação prévia, que deixa de ser, nos termos que melhor explicitaremos, um procedimento administrativo de controlo preventivo, passando a corresponder, antes, a uma situação de isenção deste tipo de controlo administrativo.

De relevo neste artigo 4º encontramos os seguintes aspetos:

– o licenciamento recupera a posição de procedimento supletivamente aplicável (isto é, mobilizável na ausência de determinação expressa da aplicação de outro procedimento ou tramitação a seguir) — alínea *i*) do nº 2;

– As operações urbanísticas que ocorram em área abrangida por uma servidão administrativa ou restrição de utilidade pública voltam a ficar sujeitas a licenciamento (apenas se afastando esta solução caso exista legislação especial a determiná-lo expressamente), o que, quanto a nós, como tivemos oportunidade de defender quando esta era a solução legal (na versão anterior ao Decreto-Lei nº 26/2010), nem sempre é justificável (da mesma forma que nem sempre era justificável a solução oposta introduzida pelo Decreto-Lei nº 26/2010, de sujeitar as operações urbanísticas a comunicação prévia apenas porque a área era abrangida por certas servidões administrativas e restrições de utilidade pública).[7] Com efeito, se a área for abrangida por plano de pormenor, alvará de loteamento ou informação prévia qualificada (isto é, emanada nos termos do artigo 14º, nº 2), no âmbito das quais as questões atinentes às servidões e restrições tenham sido devidamente ponderadas (designadamente por via da consulta à entidade por elas responsável) – o que, aliás, é a regra –, não vemos porque não possa a edificação a realizar ficar sujeita a comunicação prévia. Consideramos, assim, que o legislador devia, de uma vez por todas, ter eliminado o critério da vigência de servidões administrativas e restrições de utilidade pública como critério delimitador do âmbito dos procedimentos a desencadear em momento prévio à realização da operação urbanística: o critério para a aplicação da comunicação prévia devia continuar a ser, apenas e somente, a existência, na área, de parâmetros precisos aplicáveis à operação urbanística, quer sejam dados por um instrumento de planeamento (concretamente um *plano de pormenor com determinadas caraterísticas*[8]) quer por um ato administrativo (uma *licença de loteamento* ou um *informação prévia qualificada*) quer pela situação fáctica existente (zona urbana consolidada), ficando todas as restantes situações sujeitas a licenciamento;

– A autorização continua a apresentar-se como um procedimento de controlo preventivo aplicável apenas à *utilização* de edifícios ou frações autónomas, sendo, no entanto, a verdadeira novidade a de que a utilização apenas está agora sujeita a este procedimento de controlo preventivo e não já também (e muito bem) a comunicação prévia;[9]

– Uma das novidades mais importantes deste normativo é o que consta do seu nº 6, que permite ao interessado, nas situações em que a comunicação prévia é mobilizável, optar pelo regime do licencia-

---

[7] Cfr. Fernanda Paula Oliveira, Maria José Castanheira Neves, Dulce Lopes e Fernanda Maçãs *Regime Jurídico da Urbanização e Edificação, cit.*, p 108 e ss.

[8] Julgamos, por isso, criticável que o legislador tenha deixado cair a exigência de que o plano de pormenor tenha determinadas caraterísticas, não sendo suficiente um plano de pormenor com um conteúdo flexível, que também pode ter.

[9] Para uma crítica à solução constante na versão anterior do RJUE cfr. Fernanda Paula Oliveira, Maria José Castanheira Neves, Dulce Lopes e Fernanda Maçãs *Regime Jurídico da Urbanização e Edificação, cit.*, p 103-104.

mento. Como tivemos oportunidade de afirmar noutro local[10], as comunicações prévias surgiram, a mais das vezes, como figuras *non gratas* para os requerentes, quer pelas exigências instrutórias e económicas que lhes impunham quer, principalmente, pela incerteza e insegurança que acarretavam (já que, nem sempre as normas mobilizáveis são claras ou isentas de dúvidas), para além do reforço das responsabilidades (para si e respetivos técnicos), pouco compaginável com certo tipo de promotores de operações urbanísticas (quase sempre, durante o período de crise do imobiliário que ainda se faz sentir, os proprietários e não grandes promotores). A possibilidade de opção pelo procedimento de licenciamento é, assim, em nossa opinião, uma solução de aplaudir, ainda que, da perspetiva dos municípios, venha aumentar as suas responsabilidades num âmbito em que, por opção do legislador, as responsabilidades na realização da operação urbanística deviam ser dos interessados.

3.2. Isenções

No capítulo das isenções de controlo preventivo em função da entidade promotora (artigo 7º), para além de acertos pontuais em alguns aspetos,[11] o Decreto-lei nº 136/2014 vem tornar claros alguns pontos que na versão inicial resultavam duvidosos.

Esclarece-se, em primeiro lugar, a sujeição destas operações a taxas urbanísticas (nº 7 do artigo 7º). Estão aqui em causa, apenas e somente, em nosso entender, as taxas pela realização reforço e manutenção das infraes-

---

[10] Cfr. o nosso "Regime Jurídico da Urbanização e da Edificação: O que Mudar?" *in Questões Atuais de Direito Local*, Braga, 2013, p. 24 a 26.

[11] Por exemplo, no que diz respeito à sujeição a discussão pública dos loteamentos urbanos e obras de urbanização promovidos pelas autarquias locais, suas associações e pelo Estado, em que estas operações passam a ficar dispensadas do cumprimento desta exigência apenas se a área for abrangida por plano de pormenor ou plano de urbanização e não já também, como antes, se na área estiver em vigor apenas plano diretor municipal. Refira-se, a este propósito, que consideramos que a referência aos planos de urbanização e planos de pormenor deve entender-se feita não apenas aos de nível municipal, mas também aos de nível intermunicipal, em virtude das alterações introduzidas pela nova Lei de Bases, a qual criou este quarto nível de planeamento.

Outro exemplo de alteração pontual deste artigo é o alargamento das isenções de controlo preventivo às operações urbanísticas promovidas por empresas públicas relativamente a zonas empresariais responsáveis, numa clara articulação com o Sistema da Indústria Responsável aprovado pelo Decreto-Lei nº 169/2012, de 1 de agosto.

MAIS UMA ALTERAÇÃO AO REGIME JURÍDICO DA URBANIZAÇÃO E DA EDIFICAÇÃO

truturas urbanísticas – atendendo ao impacto que estas operações têm nas mesmas – e não já as vulgarmente designadas "taxas de licenciamento" na medida em que, precisamente, não há nestes casos a prática, pela Administração municipal, de atos de cariz permissivo que as justifiquem (já que estas operações estão, precisamente, isentas deste tipo de atos municipais[12]), esclarecendo-se o modo (autoliquidação) e o momento (antes do início das obras) do seu pagamento.

Como é sabido, a vulgarmente designada taxa municipal de infraestruturas (TMI) – uma das taxas inerentes às operações urbanísticas reguladas no RJUE – visa servir de contrapartida à atividade municipal de *criação* de infraestruturas em falta, do seu *reforço* ou ainda da sua *manutenção* (quando já existam), feitas sentir pela realização das operações urbanísticas que justificam o seu pagamento. O artigo 116º do RJUE, referente, precisamente, às taxas inerentes às operações urbanísticas, remete para a Lei nº 53-E/2006, de 29 de Dezembro, que aprovou o regime geral das taxas das autarquias locais. Nos termos do artigo 6º desta Lei, sob a epígrafe *incidência subjetiva*, determina-se: *"2 – O sujeito passivo é a pessoa singular ou coletiva e outras entidades legalmente equiparadas que, nos termos da presente lei e dos regulamentos aprovados pelas autarquias locais, esteja vinculado ao cumprimento da prestação tributária. 3 – Estão sujeitos ao pagamento de taxas das autarquias locais o Estado, as Regiões Autónomas, as autarquias locais, os fundos e serviços autónomos e as entidades que integram o sector empresarial do Estado, das Regiões Autónomas e das autarquias locais."*

De onde se retira, naquilo que aqui importa, não existir nenhuma isenção genérica do pagamento de TMI para as entidades que promovem operações urbanísticas ao abrigo do artigo 7º do RJUE. Pelo contrário, o que decorre do disposto no referido artigo 7º é que estas operações *devem cumprir todas as normas legais e regulamentares em vigor* (nº 7) onde se incluem os *Regulamentos Municipais de Taxas*. E é nestes Regulamentos que deve constar, nos termos do artigo 8º da Lei nº 53-E/2006, designadamente, a *incidência subjetiva* e as *isenções* (e respetiva fundamentação), de onde terá de se concluir que, se o Regulamento Municipal não isentar aquelas entidades do pagamento destas taxas, elas estarão a ele sujeitas.

---

[12] Mas não estão isentas de um procedimento de aprovação que mais célere ou mais complexo, sempre haverá. Neste sentido cfr. Neste sentido, cfr. Fernanda Paula Oliveira, Maria José Castanheira Neves, Dulce Lopes e Fernanda Maçãs *Regime Jurídico da Urbanização e Edificação, cit.*, p. 147-149.

A previsão legal expressa constante agora do nº 7 do artigo 7º quanto à necessidade de pagamento de taxas por parte destas operações urbanísticas corresponde, assim, não a uma novidade, mas à consagração expressa no RJUE de um regime que já decorria da Lei nº 53-E/2006, esclarecendo--se dúvidas que se vinham colocando na prática.

Também o momento adequado para proceder à liquidação destas taxas vinha sendo questionado. A primeira tentação era a de afirmar que esse momento devia coincidir com aquele em que o município tem intervenção no processo através da emissão do parecer não vinculativo ao abrigo do nº 2 do artigo 7º. Esta não podia, no entanto, ser a solução, na medida em que o parecer emanado pela câmara municipal corresponde, apenas, a um ato instrutório do procedimento tendente à concretização das operações urbanísticas em causa, que fica, ainda, dependente da aprovação dos projetos por parte da entidade responsável (nºs 3 e 4 do artigo 7º).[13] Na impossibilidade de a liquidação das taxas ser concomitante à emanação do ato autorizativo por parte da entidade competente (por ser uma entidade distinta do município), vinha-se entendendo, na prática, que tal pagamento teria de ocorrer pelo menos em momento posterior a este ato autorizativo (que era o ato que as justificava), mas sempre antes do início da obra. Levantava-se, porém, a questão de saber como teriam os serviços municipais competentes conhecimento da ocorrência do ato autorizativo destas operações para efeitos da liquidação das taxas, questão a que o RJUE veio a dar resposta com o estabelecimento do dever de estas entidades notificarem à câmara municipal, até cinco dias antes do início das obras, da intenção de as iniciar. Com essa notificação, a câmara municipal toma conhecimento da prática do ato autorizativo, podendo a partir desse momento controlar o pagamento da taxa, que se apresenta como condição para o início dos trabalhos. Esta é a solução que agora está expressamente prevista no nº 9 do artigo 7º.

Também já se vinha defendendo, na prática, que seria mais adequado, em vez de um ato liquidatório por parte dos serviços municipais, optar--se por submeter estas situações a autoliquidação, solução agora expressamente consagrada.[14]

---

[13] Admite-se, porém, que a câmara municipal possa, logo aí, indicar o valor presumível das taxas a suportar.

[14] Sobre a solução agora prevista na lei cfr. o nosso "Regime Jurídico da Urbanização e da Edificação: O que Mudar?" *cit.* p. 19-21.

3.3. A comunicação prévia: uma nova configuração

a) Uma das principais novidades trazidas pelo Decreto-Lei nº 136/2014 diz respeito, como referimos supra, à reconfiguração da comunicação prévia, a qual, desde a Lei nº 60/2007, sempre correspondeu, na lógica do disposto no Decreto-Lei nº 92/2010, de 26 de julho, que transpôs para o ordenamento jurídico português a Diretiva de Serviços, a uma comunicação prévia com prazo.

De facto, este diploma legal de 2010 distingue, na alínea *b)* do nº 2 do seu artigo 8º a mera comunicação prévia – que corresponde a *"uma declaração efetuada pelo prestador de serviços necessária ao início da atividade, que permita o exercício da mesma imediatamente após a sua comunicação à autoridade administrativa"* – da comunicação prévia com prazo – *"declaração efetuada pelo prestador de serviços necessária ao início da atividade, que permita o exercício da mesma quando a autoridade administrativa não se pronuncie após o decurso de um determinado prazo"*.

Tendo em consideração estas diferenças, a comunicação prévia com prazo depende de uma certificação ou de um ato da Administração, o qual tem, na verdade, a natureza de uma permissão administrativa, menos exigente do que uma licença ou uma autorização, mas mais exigente do que um mero registo, por exemplo, quanto ao prazo de resposta da Administração, à possibilidade de recusa ou ao número e diversidade de documentos instrutórios exigidos.[15] Por sua vez, a mera comunicação prévia não tem a natureza de uma permissão administrativa: trata-se do cumprimento de um dever, por parte do interessado, de informar a Administração do exercício da sua atividade, por exemplo, para efeitos de pagamento de taxas devidas, de eventual fiscalização ulterior, do cumprimento de requisitos ou outros efeitos semelhantes. Não depende de (nem exige) qualquer reação da Administração para que a atividade em questão possa ser iniciada ou exercida, embora não dispense o particular de cumprir as regras previamente definidas, devendo inclusive naquela comunicação responsabilizar-se por isso.

---

[15] Em todo o caso, se bem que nas comunicações prévias com prazo seja exigido um ato (expresso ou decorrente da ausência de decisão) de natureza autorizativa (pois visa descondicionar um direito), a dimensão de "autorização" ou "permissão administrativa" é menos evidente, pondo-se o realce da atuação administrativa na definição de condições gerais e abstratas do exercício das atividades privadas (reforço da atividade regulamentar em detrimento do enfoque na apreciação casuística individual).

Ora, a comunicação prévia prevista no RJUE a partir da Lei nº 60/2007 correspondia a uma comunicação prévia com prazo, na medida em que era fixado um lapso temporal para que a Administração se pudesse opor expressamente à pretensão, caso esta não cumprisse as exigências legais e regulamentares aplicáveis; caso tal oposição não ocorresse naquele lapso temporal, formar-se-ia, *ex lege,* um ato de admissão da pretensão do interessado, que poderia, assim, iniciar a sua atividade. Desta forma, de modo a obstar à formação de um ato de admissão, a Administração tinha de praticar o ato contrário no prazo previsto para o efeito, correspondendo este ato (designado de rejeição) ao exercício de um "direito de veto", fundamentado é certo, por parte da Administração.[16]

Com esta configuração, a admissão da comunicação prévia, ainda que resultasse do silêncio, assumia a natureza de ato administrativo, não apenas por razões formais (cfr. a epígrafe do artigo 36º), mas também pela equiparação que a mesma merecia relativamente à licença em vários normativos legais [invalidade e nulidade do ato de admissão (artigos 67º e 68º), revogabilidade (artigo 73º), declaração de caducidade (artigo 71º), renovação (artigo 72º), prorrogação (artigo 53º, nº 3)].[17]

Ora, a comunicação prévia surge agora como *"uma declaração que, desde que corretamente instruída, permite ao interessado proceder imediatamente à realização de determinadas operações após o pagamento das taxas devidas, dispensando-se a prática de quaisquer atos permissivos"* (nº 2 do artigo 34º). Uma mera comunicação prévia, portanto, e não, como se afirma incompreensivelmente no

---

[16] Esta configuração da comunicação prévia com prazo é diferente da que ela assume, por exemplo, no âmbito do Regime Jurídico do Licenciamento Zero, onde a comunicação prévia está dependente de um despacho de deferimento expresso a emitir pelo presidente da câmara municipal territorialmente competente num determinado prazo, formando-se deferimento tácito caso não ocorra decisão expressa dentro desse prazo. Assim, nesta situação a falta de decisão corresponde a um ato tácito (uma ficção de ato resultante do incumprimento de um dever de decisão expressa); no caso do RJUE não havendo dever legal de decidir se a pretensão cumprir as normas aplicáveis, a admissão, ainda que resultante do silêncio, não corresponde à violação de qualquer dever de decidir.

[17] De acordo com Pedro Gonçalves, esta era uma boa solução normativa, na medida em que permitia a individualização de um ato administrativo, embora ficcionado (que correspondia *ex lege* à não rejeição dentro do prazo). *"Este introduz o factor de certeza e de segurança que, em geral, falta aos procedimentos de comunicação prévia, permitindo, do mesmo modo, a adequada defesa do interesse público e dos interesses de terceiros".* Cfr. Pedro Gonçalves, Controlo prévio das operações urbanísticas após a reforma legislativa de 2007", *Direito Regional e Local,* nº 1, 2008, *cit.,* p. 19.

preâmbulo do Decreto-Lei nº 136/2014 e no nº 1 do artigo 4º, uma comunicação prévia com prazo.

Cumpre-se, assim, na íntegra, neste domínio, a substituição do princípio da autoridade pública pelo princípio da autorresponsabilização dos particulares: em vez de mecanismos de controlo assentes em procedimentos de autorização administrativa, criam-se formas de controlo prévio da responsabilidade dos próprios interessados em desenvolver a atividade que tem algum potencial de risco e cujo desenvolvimento se mantém, por isso, dependente da observância de requisitos fixados na lei.

Com esta configuração, a comunicação prévia prevista no RJUE já não surge como procedimento administrativo de controlo preventivo, havendo aqui apenas e exclusivamente, controlos administrativos efetuados *a posteriori*. Trata-se, por isso, de um desvio à regra constante do nº 2 do artigo 58º da Lei nº 31/2014, segundo o qual *"A realização de operações urbanísticas depende, em regra, de controlo prévio vinculado à salvaguarda dos interesses públicos em presença e à definição estável e inequívoca da situação jurídica dos interessados"*, correspondendo, antes, à exceção prevista no nº 3 deste mesmo normativo, que determina que *"Quando a salvaguarda dos interesses públicos em causa seja compatível com a existência de um mero controlo sucessivo, a lei pode isentar de controlo prévio a realização de determinadas operações urbanísticas, desde que as condições de realização sejam suficientemente definidas em plano municipal."*. É o que sucede, ainda que não seja apenas a prévia definição, com precisão, dos parâmetros aplicáveis à operação em plano (plano de pormenor) que permita, nos termos do RJUE, o recurso à comunicação prévia, podendo também, como referimos, essa precisa definição provir de ato administrativo (licença de loteamento ou informação prévia qualificada) ou assentar na situação de facto existente (zona urbana consolidada). Vale a mesma, ainda, para as situações em que estão em causa obras de relevância urbanística menor (ainda que não irrelevante), independentemente do tipo de regras vigentes na área (como é o caso das piscinas associadas a edificação principal).

Não temos, portanto, agora, nem um ato expresso de rejeição, nem um ato (ficcionado) de admissão: apresentada a comunicação pelo interessado, a verificação do cumprimento das normas aplicáveis é feita no âmbito de procedimentos administrativos de controlo *a posteriori* (fiscalização) com aplicação, quando estas não são cumpridas, de medidas de reposição da legalidade urbanística (cfr. nº 8 do artigo 35º).

Que não estamos agora perante um procedimento administrativo de controlo prévio, resulta de forma clara de várias disposições do RJUE. Assim, e a título de exemplo, as consultas a que haja lugar por força da lei têm de ser promovidas pelo interessado antes da comunicação (artigo 13º-B e nº 5 do artigo 34º) e já não há qualquer referência a um ato resultante da comunicação prévia para efeitos de aplicação do regime da invalidade (artigo 67º, que logicamente só se aplica às licenças e autorizações e deve também aplicar-se, embora não referido, às informações prévias),[18] da mesma forma que já não há qualquer referência à comunicação prévia no artigo 68º sobre nulidades, nem no artigo 72º, sobre a revogação.

Permanecem, no entanto, em vigor algumas soluções que parecem minorar esta nova configuração. Assim, a comunicação prévia continua a ser referida no artigo 4º (integrado no Capítulo II referente ao *controlo prévio* de operações urbanísticas) e a estar integrada, do ponto de vista sistemático, numa secção referente a *formas de procedimento de controlo prévio* (onde, curiosamente, não tem tratamento o procedimento de autorização, claramente um procedimento administrativo de controlo prévio da operação urbanística "utilização dos edifícios ou frações").

Por sua vez, o nº 1 do artigo 34º mantém a redação anterior do corpo deste artigo segundo a qual as operações referidas no artigo 4º, nº 4 *"obedece ao procedimento regulado na presente secção..."* Ora, como facilmente se percebe, se a comunicação prévia, com esta configuração, obriga o interessado a cumprir uma determinada *tramitação*, a mesma não pode ser entendida como um *procedimento administrativo*, por esta tramitação não tender nem à tomada de uma decisão pela Administração nem à sua execução (artigo 1º, nº 1 do CPA).

Essa tramitação a alcançar pelo interessado passa pelos seguintes passos:

- Apresentação da comunicação através da plataforma eletrónica (nº 1 do artigo 35º), instruída nos termos do nº 4 do mesmo artigo;
- Efetivação de um saneamento mínimo, remetendo o nº 7 do artigo 35º apenas para a alínea *a)* do nº 2 e para o nº 3 do artigo 11º (com as

---

[18] Na sequência desta solução, a lei determina que é em sede de fiscalização sucessiva que se deve inviabilizar a execução das operações urbanísticas quando estas não cumpram as normas legais ou regulamentares aplicáveis, não tenham sido antecedidas de pareceres, autorizações ou aprovações legalmente exigidos ou não se conformem com os mesmos (nº 8 do artigo 35º) devendo ser cassados os títulos da comunicação prévia [artigo 79º, nº 1 alínea *a)*].

devidas adaptações), podendo ser proferido um despacho de aperfeiçoamento quando falte identificação do comunicante, da pretensão ou da localização ou quando falte um documento instrutório sem o qual não se consiga identificar a pretensão; no caso de o interessado, tendo sido notificado, não juntar os elementos em falta, prevê o nº 3 a possibilidade de rejeição liminar da comunicação. Compreende-se que assim seja na medida em que, nos termos do nº 2 do artigo 34º, a comunicação apenas permite a imediata realização da operação se estiver *"corretamente instruída"*, o que admite um controlo mínimo dessa correção (e não do cumprimento das normas legais e regulamentares aplicáveis, apenas aferíveis em sede de controlo sucessivo, responsabilizando-se o interessado, integralmente, pelo seu cumprimento). Naturalmente que se a comunicação tramitar por via da plataforma eletrónica a que se refere o artigo 8º-A (o que será a regra), a má ou insuficiente instrução não permitirá (ou não deverá permitir) sequer que a mesma seja recebida pela sistema;[19]

– Pagamento das taxas no prazo máximo fixado em regulamento municipal (nº 3 do artigo 34º), sob pena de caducidade (nº 2 do artigo 71º, *in fine*);

---

[19] Do que afirmamos antes, também não haverá rejeição liminar se o pedido não vier instruído com os pareceres, autorizações ou aprovações legalmente exigíveis: o que decorre do nº 8 do artigo 35º é que o controlo da existência destes elementos é efetuada em sede de fiscalização sucessiva (e não, portanto, na fase de saneamento), dando lugar eventualmente à aplicação de medidas de reposição da legalidade.

Do afirmado decorre ainda que o interessado terá de promover essas consultas antes de proceder à comunicação prévia, mas não tem de se dar cumprimento ao disposto no artigo 13º-A, ao contrário do que acontece quando o interessado opta por promover as consultas ao abrigo do artigo 13º-B do RJUE no âmbito do procedimento de licenciamento. Sobre esta questão cfr. Fernanda Paula Oliveira, Maria José Castanheira Neves, Dulce Lopes e Fernanda Maçãs *Regime Jurídico da Urbanização e Edificação, cit.*, p. 247. Ver também nº 4 do artigo 13º-B. Refira-se por fim que ainda que a lei determine que é em sede de fiscalização que se verifica o cumprimento das normas legais ou regulamentares aplicáveis, a existência dos pareceres, autorizações ou aprovações legalmente exigidos ou a conformidade da operação com os mesmos, não podendo, por isso, haver lugar a um despacho de rejeição liminar quando se detetem estas situações logo que a comunicação é apresentada, nada impede que neste caso a Administração informe o particular dessa desconformidade e impeça o início da pretensão, designadamente pela cassação do titulo da operação logo que ele exista, de forma a impedir a sua execução.

OS PROCEDIMENTOS OU TRAMITES A DESENCADEAR ANTES DA REALIZAÇÃO...

– No caso de loteamentos ou operações equiparadas[20]: prestação da caução e celebração do instrumento notarial a que se refere o nº 3 do artigo 44º quando exigível (neste caso, no prazo de 20 dias a contar da receção da comunicação, nos termos do nº 3 do artigo 44º).[21]

Atendendo a esta tramitação, o título das comunicações prévias é o comprovativo da entrega da comunicação, juntamente com o comprovativo do pagamento das taxas e, quando exigível, o comprovativo da prestação da caução e da celebração do instrumento notarial a que se refere o nº 3 do artigo 44º (ou declaração da câmara quanto à sua inexigibilidade) – artigo 74º, nº 2.

A ausência de controlo *ex ante* e a sua substituição por controlos *ex post* decorre do disposto no nº 8 do artigo 35º[22] a que já fizemos referência, mas também do facto de, nos termos do nº 1 do artigo 17º a informação prévia favorável ser vinculativa *para efeitos de fiscalização sucessiva.*

---

[20] Referimo-nos às operações com impacte relevante previstas no nº 5 do artigo 44º e agora também às operações com impacte semelhante a um loteamento (edifícios contíguos e funcionalmente ligados entre si) na medida em que o nº 5 do artigo 57º passa a admitir a aplicação a estas operações não apenas do disposto no artigo 43º, mas também nos nºs 1 a 3 do artigo 44º Assim, nestas situações tanto se pode optar por garantir a unidade funcional entre os edifícios através da manutenção em propriedade privada das áreas destinadas a zonas verdes e de utilização colectiva, a infraestruturas e a equipamentos, como admitir que as cedências sejam feitas "em bruto", sendo o conjunto imobiliário (com a sua unidade) implantado na parte restante (não cedida) do mesmo.
A única diferença que existe, assim, atualmente, entre operações com impacte semelhante a um loteamento e operações com impacte urbanístico relevante é que as primeiras dizem respeito exclusivamente a edifícios contíguos e funcionalmente ligados entre si e as segundas não. Nada impede, porém, que os municípios integrem no mesmo conceito de operações com impacte urbanístico relevante todas estas operações equiparando-as do ponto de vista dos encargos.
[21] A concretização da operação urbanística sem que estas exigências estejam cumpridas permite à Administração o desencadeamento de procedimentos tendentes à tutela da legalidade (designadamente o seu embargo), mas achamos que seria importante, tal como sucede em relação às taxas, que o incumprimento destes deveres no prazo estabelecido determinasse a caducidade da comunicação prévia.
[22] Segundo o qual, nos casos de incumprimento de normas e condicionantes legais e regulamentares, de não solicitação das consultas legalmente exigidas e de não conformação da pretensão com estas deve o órgão competente, em sede de fiscalização sucessiva, inviabilizar a execução das operações urbanísticas objeto de comunicação prévia e promover as medidas necessárias à reposição da legalidade urbanística.

Refira-se ainda que, precisamente por não haver um procedimento de controlo prévio da responsabilidade da Administração, a comunicação prévia apenas está sujeita ao pagamento da taxa pela realização, reforço e manutenção de infraestruturas urbanísticas (artigo 116º, nº 1 e 2).

Uma solução curiosa é a que prevê a caducidade do dever de fiscalização no prazo de dez anos após a data de emissão do título da comunicação prévia (nº 9 do artigo 35º), solução que parece pretender aproximar o regime das comunicações prévias do regime das nulidades mistas previsto no artigo 69º para os atos de licenciamento, autorização e informação prévia (em que o ato nulo se consolida, em determinadas circunstâncias, ao fim de 10 anos).

Esta solução não deixa de suscitar algumas dúvidas. Desde logo, enquanto o regime misto da nulidade dos atos de gestão urbanística previsto no artigo 69º apenas está previsto para as situações de nulidade referidas no artigo 68º, a caducidade do dever de fiscalização parece poder valer para todas as situações que gerariam nulidade (o caso de violação da Reserva Agrícola ou da Reserva Ecológica Nacionais), o que se nos afigura desrazoável.

Por seu lado, parece decorrer desta norma que permanece o dever de fiscalização e, consequentemente, a possibilidade do recurso a medidas de reposição da legalidade, mesmo quando a operação urbanística é realizada em desconformidade com normas cuja violação geraria anulabilidade do ato de controlo preventivo se este tivesse existido e que, por isso, se consolidariam ao fim de um determinado período de tempo, o que deixa mais desprotegidos os interessados que tenham realizado operações urbanísticas ao abrigo de uma comunicação prévia do que os que a realizaram ao abrigo de uma licença.

Uma e outra solução levam à solução estranha de termos um tratamento díspar para operações urbanísticas exatamente com as mesmas caraterísticas, apenas porque num caso estão sujeitas a um licenciamento e no outro a comunicação prévia.

Refira-se ainda que embora se pudesse pensar que por esta via se prevê inovadoramente, no nosso ordenamento jurídico, uma caducidade das competências de fiscalização e, deste modo, de desencadeamento de medidas de tutela de legalidade urbanística, julgamos que a solução legal é mais limitada, já que apenas prevê a caducidade do *dever* (diríamos, oficioso) de fiscalizar, não afastando, porém essa competência (poder), caso o seu exercício seja requerida ou exigido por terceiros. E o decurso do período de 10 anos, ainda que fizesse caducar também o poder de fiscalização, não impediria os terceiros lesados de reagir por outras vias contra a atividade ilicitamente levada a cabo

Voltando à comunicação prévia, estando em causa uma tramitação que é da exclusiva responsabilidade do interessado, colocam-se algumas questões no que concerne às vicissitudes a que pode estar sujeita a pretensão que é dela objeto. No caso, por exemplo, de o interessado pretender prorrogar o prazo para a realização da operação objeto de comunicação prévia (comunicação que corresponde, como referimos, a uma declaração dirigida à Administração informando-a da pretensão que será levada a cabo), o nº 6 do artigo 53º determina que não há lugar a uma nova comunicação prévia, mas a mesma não pode deixar de ser feita por via de uma *comunicação* (isto é, uma declaração dirigida à Administração informando-a dessa pretensão de prorrogação); caso contrário não tem aquela como saber dessa pretensão. Uma declaração que será averbada à anteriormente feita, é o que decorre deste normativo.

Interessante também é a solução prevista no nº 4 do artigo 58º atinente à alteração pela Administração do prazo comunicado para a realização da obra por motivos de interesse público, já que se permite que a Administração intervenha na tramitação da comunicação prévia para determinar essa alteração, podendo fazê-lo até ao prazo previsto no nº 2 do artigo 11º.[23]

Em termos de balanço final podemos afirmar que com a nova configuração, a comunicação prévia corresponde a uma forma de privatização de responsabilidades públicas e de reforço de responsabilidades privadas. Se a olharmos da perspetiva dos custos, ocorre nela uma diminuição dos custos da Administração no controlo preventivo da atividade privada (já que a sua intervenção preventiva é, como vimos, mínima, limitada a um saneamento muito circunscrito), mas um aumento dos custos no controlo administrativo *a posteriori*. Do ponto de vista das responsabilidades privadas (dos promotores e técnicos que o auxiliam) a comunicação prévia corresponde, sem sombra de dúvidas, a uma maior "sobrecarga" para estes.

A maior dúvida que esta nova configuração acarreta prende-se com a tutela das posições jurídicas subjetivas de outros particulares cujos interesses possam ser abalados pela realização de operações urbanísticas desconformes com a legalidade urbanística, podendo questionar-se se será suficiente

---

[23] De facto, este é o único momento de intervenção da Administração na tramitação da comunicação prévia.

a previsão do nº 4 do artigo 34º, do nº 8 do artigo 35º e os poderes de fiscalização e de adoção de medidas de tutela de legalidade urbanística.

Poderá também questionar-se se está devidamente assegurado acesso por terceiros à informação sobre as operações sujeitas a comunicação prévia, ainda que esta questão não tenha passado despercebida ao legislador ao manter o dever de publicitar a comunicação prévia (artigo 12º) e ao prever a disponibilização diária através da plataforma eletrónica das operações objeto de comunicação prévia que garantirá este direito à informação se a mesma puder ser acedida por todos.

3.4. Licenciamento

a) No âmbito do procedimento de licenciamento enquanto procedimento de controlo prévio de operações urbanísticas (artigos 18º a 27º) existem algumas novidades a registar.

Antes de as referir relembramos que a função dos municípios no âmbito dos procedimentos de licenciamento de operações urbanísticas, designadamente obras de edificação, é a de proceder ao controlo das condições urbanísticas da sua realização, isto é, ao controlo do cumprimento, pelas mesmas, dos instrumentos de planeamento e das regras técnicas de construção que se destinam a *salvaguardar o correto ordenamento do território*, portanto, das normas constantes de planos municipais ordenamento do território, de medidas preventivas, de servidões administrativas e restrições de utilidade pública e ainda, de quaisquer outras relativas ao *aspeto exterior* e à *inserção urbana e paisagística* das edificações, bem como sobre o uso proposto. São apenas estes aspetos que devem ser objeto de controlo aquando da apreciação e aprovação do projeto de arquitetura nos termos definidos no nº 1 do artigo 20º do RJUE (bem como dos projetos de loteamento e obras de urbanização nos termos do disposto no artigo 21º), sob pena de indeferimento do pedido (artigo 24º do RJUE).

O que significa, dito de outro modo, que cabe ao município avaliar apenas – fazendo-o no âmbito da apreciação dos projetos de arquitetura –, os aspectos urbanísticos da obra numa perspetiva do correto ordenamento do território, atendo-se, por isso, e exclusivamente, à dimensão exterior dos edifícios e à integração urbana e paisagística das demais operações urbanísticas.[24]

---

[24] Para mais desenvolvimentos cfr. o nosso «"Água mole em pedra dura..." de novo o ato de aprovação do projeto de arquitetura», Comentário ao Acórdão do Tribunal Central Administrativo do Sul (2º Juízo), de 28.10.2009, p. 4110/08, CJA, nº 84, novembro/dezembro de 2010.

Este entendimento, que vinha sendo acentuado nas várias versões do RJUE – por isso se isentou de controlo preventivo as intervenções nos edifícios que tenham um impacto meramente interno[25], à exceção das que ocorram em edifícios classificados[26]) – admitia, porém, alguns desvios impostos por normas especiais, como era o caso, a título de exemplo, do regime jurídico das acessibilidades, sendo o próprio Decreto-Lei nº 163/2006 a prever um regime especial de controlo pela Administração das exigências nele dispostas (a maior parte a cumprir no interior dos edifícios), chegando mesmo a estabelecer mecanismos de sancionamento disciplinar caso esse controlo não fosse efetuado.

Era também nesta lógica – de reservar para a Administração municipal o controlo das operações de um ponto de vista estritamente urbanístico, feito no âmbito exclusivo da apreciação do projeto de arquitetura, que é onde as questões urbanísticas têm reflexo – que o RJUE vinha já dispensando a apreciação, por parte dos serviços municipais, dos projetos de especialidades desde que os mesmos viessem acompanhados de declaração de responsabilidade dos autores desses projetos, nos termos definidos no nº 8 do artigo 20º do RJUE (e estas declarações eram elementos instrutórios necessários do pedido). A dispensa de apreciação destes projetos pelos serviços municipais não significava, porém, a dispensa de sujeição de tais projetos a consulta, certificação, autorização ou parecer legalmente exigidos por parte de entidades, normalmente externas (que se responsabilizavam pela verificação do cumprimento das normas aplicáveis), nem a dispensa de os juntar ao processo de licenciamento em curso no município.

Com o Decreto-Lei nº 26/2010 deu-se um passo em frente, dispensando-se não apenas a *apreciação dos projetos de especialidade pelos serviços municipais* nos termos supra referidos, mas também da *junção ao processo das consultas, certificações, aprovações ou pareceres sobre os mesmos emitidos*, desde que, nos termos do nº 8 do artigo 13º do RJUE, o respetivo projeto fosse acompanhado de termo de responsabilidade subscrito por técnico autor de projeto legalmente habilitado.

Como tivemos oportunidade de defender[27], não estava aqui em causa a *dispensa da obtenção* das consultas, certificações, aprovações ou pareceres legalmente exigíveis (o que seria contraditório com o disposto no nº 7 do

---

[25] Cfr. alínea *b*) do nº 1 do artigo 6º do RJUE

[26] Alínea *d*) do nº 2 do artigo 4º do RJUE.

[27] *In.* «"Água mole em pedra dura..." de novo o ato de aprovação do projeto de arquitetura», *cit.*

artigo 13º RJUE, de identificação crescente pela lei de projetos de especialidades necessitados de certificação, consulta, aprovação ou parecer), mas de *dispensa da sua entrega* na câmara municipal. Por isso defendemos que o termo de responsabilidade a que se refere o nº 8, para além de atestar que na elaboração do projeto foi cumprida a legislação específica, devia ainda assegurar, caso existisse previsão legal de autorização ou certificação do projeto, que a mesma já tinha sido obtida ou estava em curso, com o que se dispensava a apresentação dessa autorização ou certificação nos serviços municipais para que o procedimento pudesse prosseguir para a emissão do ato final (o ato de licenciamento). A exceção a esta regra ficou a valer apenas para os projetos de eletricidade e do gás.

Esta é uma solução que visou *reforçar a simplificação* procedimental (e a *desburocratização*), tornando inexigível a junção ao processo de licenciamento de elementos (autorizações, pareceres e certificações) que são desnecessárias no seu âmbito, já que, ainda que aí constem, a Administração municipal não está habilitada para proceder ao respetivo controlo, nem o efetuará. Fundamental era, assim, no que aos projetos de especialidade dizia respeito, que o município garantisse a existência no processo de quem se responsabilizasse por eles; e esse alguém seria ou a entidade que o autoriza (emite parecer ou o certifica) ou o técnico legalmente habilitado que o atestasse em termo de responsabilidade. Um e outro destes documentos apresentar-se-iam, assim, como elemento instrutório indispensável para o prosseguimento do procedimento, com vista à emissão do ato final de licenciamento.

b) Analisada a solução constante da versão do RJUE decorrente do Decreto-Lei nº 26/2010, vejamos, agora, quais são as alterações introduzidas a este propósito pelo Decreto-lei nº 136/2014.

Em primeiro lugar reforça-se a solução de que na apreciação do projeto de arquitetura a administração municipal está essencialmente vocacionada para a avaliação das questões externas das edificações (as que têm impacto no ordenamento do território) e não das questões com repercussão meramente interna nos edifícios. Com efeito, dispõe o nº 8 do artigo 20º que *"As declarações de responsabilidade dos autores dos projetos de arquitetura*, no que respeita aos aspetos interiores das edificações (...) *constituem garantia bastante do cumprimento das normas legais e regulamentares aplicáveis, excluindo a sua apreciação prévia, salvo quando as declarações sejam formuladas nos termos do nº 5 do artigo 10º"*(realce nosso), permitindo que, mesmo nos casos especiais a que nos referimos *supra* (designadamente no âmbito das exigências de acessibilidade), o município não tenha que se ater a questões internas da edificação. Em consonância com esta solução, o Decreto-Lei nº 136/2014 (artigo 5º) procede a uma alteração do artigo 3º do Decreto-Lei 163/2016, de forma a articular ambos os regimes.

Em segundo lugar, e no que concerne à consulta a entidades sobre os projetos vem agora o nº 9 do artigo 13º determinar que *"Os projetos de arquitetura e os de especialidades, bem como os pedidos de autorização de utilização, quando acompanhados por termo de responsabilidade subscrito por técnico autor de projeto legalmente habilitado nos termos da lei da qualificação profissional exigível aos técnicos responsáveis pela elaboração e subscrição de projetos, fiscalização de obra e direção de obra que ateste o cumprimento das normas legais e regulamentares aplicáveis, incluindo a menção a plano municipal de ordenamento do território em vigor ou licença de loteamento,* ficam dispensados da apresentação *na câmara municipal de consultas, certificações, aprovações ou pareceres externos,* sem prejuízo da necessidade da sua obtenção *quando legalmente prevista"*.

O que mais se realça desta norma é o alargamento da solução anteriormente prevista para os projetos de especialidades aos projetos de arquitetura: dispensa de junção, no procedimento de licenciamento, das consultas, pareceres e aprovações legalmente exigidas (ainda que as mesmas tenham de ser obtidas se forem obrigatórias). Ora, se esta solução se entende quando estão em causa os projetos de especialidade[28] — já que se a administração não os aprecia, também não necessita de avaliar o conteúdo dos pareceres ou aprovações que sobre os eles recaiam e por isso eles não precisam de ser juntos ao processo — já não é compreensível quando está em causa o projeto de arquitetura, uma vez que estando este sujeito a apreciação e decisão por parte da câmara municipal, torna-se imprescindível ter acesso aos referidos pareceres, autorizações ou aprovações para determinar o sentido da decisão. Se assim não fosse, não se compreenderia a cominação com nulidade da emissão da licença em desconformidade com os pareceres, autorizações ou aprovações [alínea *c*) do artigo 68º].

---

[28] Mas já não se entende que se tenha retirado do artigo 13º a previsão da possibilidade de a câmara municipal poder proceder à verificação aleatória dos projetos, precisamente para aferir se as certificações, aprovações ou pareceres não apresentados aos serviços municipais foram efetivamente obtidos.

Isto significa que terá de se fazer desta norma uma interpretação que nos leve a uma solução razoável, apenas a aplicando quando estejam em causa consultas referentes ao projeto de arquitetura que não se prendam com localização da operação (por exemplo, as exigidas em função do uso). Estando em causa consultas exigidas em função da localização, esta continua a ter de ser promovida, promoção essa que compete à CCDR territorialmente competente quando a competência para a pronúncia pertença a entidades da Administração estadual, nos termos do artigo 13º-A.

Ou seja, e dito de outro modo, os pareceres, autorizações ou aprovações atinentes aos projetos de arquitetura exigidos em função da localização da operação devem não apenas ser obtidos, como ainda ser apresentados na câmara municipal na medida em que deles depende o sentido da decisão que este órgão autárquico tenha de dar no âmbito da apreciação do projeto de arquitetura.[29]

3.5. Autorização de utilização

a) As autorizações são, como eram, o procedimento administrativo de controlo preventivo aplicável à utilização de edifícios (ou suas frações autónomas), mas com a particularidade de agora esta operação urbanística estar sujeita apenas a este procedimento e não já, também, a comunicação prévia.[30]

Sobre a função deste procedimento de controlo preventivo regem os nºs 1 e 2 do artigo 62º, função que depende (ou deve depender) de a utilização do edifício ou fração ser precedida ou não de obras, sujeitas elas mesmas a um procedimento de controlo preventivo: o nº 1 do artigo 62º aplica-se a autorizações de utilização a ser emitidas após a realização de obras sujeitas àquele controlo (devendo aplicar-se ainda, por maioria de razão e por exclusão do nº 2 do mesmo artigo, às alterações de utilização antecedidas da realização de obras sujeitas a controlo preventivo); o nº 2 aplica-se a autorizações de utilização ou suas alterações bem como altera-

---

[29] A relevância desta questão no âmbito do procedimento de autorização de utilização, que também é referida no nº 9 do artigo 13º do RJUE, será tratada no ponto seguinte quando nos referirmos a este procedimento de controlo prévio.

[30] Para uma crítica à opção, que parecia decorrer da versão anterior do RJUE, de as autorizações de utilização estarem sujeitas simultaneamente a autorização e a comunicação prévia cfr. Fernanda Paula Oliveira, Maria José Castanheira Neves, Dulce Lopes e Fernanda Maçãs *Regime Jurídico da Urbanização e Edificação, cit.*, p 103-104.

ção de informações constantes de autorização de utilização emitida (e não licença de utilização, como é mencionado neste normativo) não antecedidas de obras ou antecedidas de obras não sujeitas a controlo preventivo (onde cabem agora as obras antecedidas de comunicação prévia).

A referência à ocorrência, em momento anterior à autorização de utilização, de obras sujeitas a controlo preventivo é relevante, na medida em que, havendo obras, é no âmbito do controlo preventivo destas que se aprecia se o projeto (da obra) está adequado ao fim (uso) pretendido (cfr. parte final do nº 1 do artigo 20º), tornando desnecessário proceder a essa avaliação autónoma em momento posterior: basta, no momento em que se pretende utilizar o edifício, verificar se a obra foi executada de acordo com o projeto de arquitetura *aprovado* pois, se o tiver sido, o edifício está adequado ao uso.

Precisamente por ser assim — isto é, por ser no âmbito do licenciamento da obra que se avalia se o edifício ou fração estão adequados ao uso a que se destinam — é que existe, no âmbito da autorização de utilização, um desvio à regra do *tempus regit actum*: podendo haver um desfasamento temporal entre a licença das obras (necessária para a realização destas e onde se avalia a adequação das mesmas ao uso pretendido) e a autorização de utilização (que só terá de ser emanada quando se pretenda utilizar o edifício ou fração), o presidente da câmara apenas tem de averiguar, no momento da emanação da autorização de utilização, se a obra foi concluída de acordo com o projeto aprovado — aplicando-se a este as regras que estavam em vigor no momento da sua aprovação, nas quais se integram as atinentes ao uso — o que torna irrelevantes alterações legislativas posteriores no que a este diz respeito.

Ora, é por assim ser que nos parece despropositada a referência, no nº 1 do artigo 62º, à necessidade de verificação, no momento da emanação da autorização de utilização, da conformidade da utilização pretendida com normas legais e regulamentares que fixem os usos e utilizações admissíveis, uma vez que essas normas foram já mobilizadas no procedimento de licenciamento das obras no âmbito e para o efeito da apreciação e aprovação do projeto de arquitetura, tendo essa apreciação ficado estabilizada nesse momento. Exigir, em momento posterior, o cumprimento de novas exigências quanto aos usos que decorram de legislação emitida em momento posterior ao licenciamento da obra pode levar a que o interessado tenha de realizar novas obras para adequar o edifício ou fração ao uso (às novas exigências de uso), colocando em causa o princípio da garantia do existente que decorre do artigo 60º do RJUE.

Deste modo, para a aferição da adequação do edifício ao uso devem ser mobilizadas as normas em vigor no momento da apreciação do projeto urbanístico (projeto de arquitetura) – o que pressupõe atualmente, um procedimento de licenciamento, que é o único que permite à administração apreciar preventivamente aquele projeto –, e não as vigentes no momento da emanação da respetiva autorização de utilização. É neste sentido que deve ser lido o nº 1 do artigo 62º.[31]

b) Uma leitura atenta do disposto nos nºs 1 e 2 do artigo 63º da versão do RJUE em vigor antes da alteração do Decreto-Lei nº 136/2014 permitia concluir que o primeiro se referia à instrução do pedido de autorização para as situações em que a utilização fosse antecedida de obras sujeitas a controlo preventivo (licenciamento ou comunicação prévia) – caso em que o pedido devia vir acompanhado de termo de responsabilidade do diretor de obra ou do diretor de fiscalização (técnicos que, precisamente, acompanham a execução da obra), no qual declaram que esta foi executada de acordo com o projeto de arquitetura e com o projeto de arranjos exteriores aprovados –; o segundo referia-se às situações em que a utilização não era antecedida de obras ou estas não estavam sujeitas a controlo preventivo (situação em que o pedido devia vir instruído com termo de responsabilidade subscrito por pessoa habilitada a ser autor de projeto que atestasse a adequação do imóvel ou fração ao uso). Num e noutro caso, a autorização de utilização era emitida com base nestes termos de responsabilidade (nº 1 do artigo 64º) a não ser que ocorresse uma das situações previstas nas várias alíneas do nº 2 do artigo 64º, caso em que haveria lugar a vistoria.

Já a redação destes dois normativos na versão que resulta do Decreto-Lei nº 136/2004 não é, a nosso ver, e quanto a este aspeto, clara.

Importa desde logo aferir o âmbito de aplicação do nº 1. É certo que ele parece mobilizado para as autorizações de utilização a emitir na sequência da realização de obras sujeitas a controlo preventivo, na medida em que os termos de responsabilidade a que aí se refere servem para atestar que elas foram executadas "*de acordo com os projetos de arquitetura e especialidades,*

---

[31] Não sendo agora as comunicações prévias um procedimento de controlo preventivo, a adequação ao uso das obras realizadas passa a ser aferido pela Administração apenas e exclusivamente no âmbito do procedimento de autorização.

bem como com os arranjos exteriores aprovados *e com as condições do* respetivo procedimento de controlo prévio" (realces nossos). Mas faria sentido que pudesse aplicar-se também na situações de obras sujeitas a comunicação prévia (por exemplo, uma edificação erigida num lote resultante de uma operação de loteamento) na medida em que também aí devem existir telas finais e também aí as obras devem ser acompanhadas por um diretor de obra (e eventualmente um diretor de fiscalização) que, por isso, devem poder atestar que as obras foram feitas de acordo com os projetos de arquitetura e de especialidade apresentados (e que se presumem estar em conformidade com as normas em vigor por não terem sido objeto fiscalização e/ou de medidas de reposição da legalidade)[32].

Ainda que se conclua neste sentido, a verdade é que o legislador deixa por regular quem deve passar (e qual o conteúdo) do termo de responsabilidade para efeitos de emanação da autorização de utilização nas situações em que esta não é precedida de obras (ou é precedida de obras não sujeitas a controlo preventivo, com exceção, em nossa opinião, da comunicação prévia) já o nº 2 parece ser também aplicável àquela primeira situação (o que aí se determina é que o pedido de autorização *pode ainda,* portanto, para além do termo de responsabilidade referido no nº 1, ser instruído com termo de responsabilidade subscrito por pessoa legalmente habilitada a ser autor de projeto).

Para além desta falta de rigor e de clareza (não se percebe de imediato para que serve este segundo termo de responsabilidade) realça-se uma alteração substancial, comparativamente com o disposto na redação anterior quanto ao conteúdo dos termos de responsabilidade do diretor de obra ou diretor de fiscalização: nestes devem os referidos técnicos atestar não apenas, como na versão anterior, a conformidade das obras executadas com o projeto de arquitetura e com os arranjos exteriores, mas também a conformidade dessa execução com os projetos de especialidade.

Refira-se, desde logo, que ainda que a solução anterior parecesse levar à conclusão de que não haveria quem se responsabilizasse pelo cumprimento, em obra, da execução dos projetos das especialidades, tal conclusão era apenas aparente na medida em que o disposto no nº 1 do artigo 63º tinha de ser articulado com o previsto nos então n.ºs 9 e 10 do artigo 13º,

---

[32] Ainda que, no limite, este controlo à posteriori possa ser feito neste momento e, detetadas desconformidades com a normatividade vigente, possa ser indeferida a autorização de utilização por ter na sua base obras ilegais.

de onde decorria que o interessado tinha entregar, para efeitos de instrução do pedido de autorização de utilização (sob pena de rejeição liminar do pedido):

- – a certificação, aprovação ou parecer legalmente exigidos sobre a conformidade da execução dos projetos das especialidades e outros estudos com os aprovados ou apresentados ou,
- – em alternativa (exceto nos casos dos projetos de eletricidade e de gás), termo de responsabilidade por técnico legalmente habilitado para esse efeito que atestasse aquela conformidade.[33]

Esta solução legal apenas deixava de fora, isto é, sem que existisse quem assumisse a responsabilidade pela respetiva execução, o projecto de estabilidade, os projetos de redes prediais de água e esgotos e o projeto de águas pluviais, na medida em que a execução destes projeto (ainda) não estava (nem está) sujeita a certificação, aprovação ou parecer — apenas em relação aos projetos sujeitos a estes atos existia uma obrigação, para "contornar" a sua entrega, de emissão de termos de responsabilidade —, e os termos de responsabilidade do diretor da obra ou do diretor de fiscalização apenas atestavam o cumprimento da exercução do projeto de arquitetura e de arranjos exteriores. Solução que não deixava de ser extremamente desprotetora dos interesses públicos e privados em presença, em face do relevo estrutural dos referidos projetos e das consequências do seu incumprimento.

O Decreto-Lei nº 136/2014 vem, como referimos, alterar esta solução, exigindo agora que os termos de responsabilidade do diretor de obra ou do diretor de fiscalização atestem também que a obra foi executada em conformidade com os projetos de especialidade, ainda que vislumbremos aqui uma dificuldade: nas situações em que nem o diretor de obra nem o diretor de fiscalização emitam os termos de responsabilidade (responsabilizando-se pela devida execução de todos os projetos) terá de ser realizada uma vistoria para o verificar [alínea *a*) do 2 do artigo 64º], sendo tecnica-

---

[33] Como já então defendíamos, o que o técnico devia atestar neste termo de responsabilidade era apenas que daria cumprimento à legislação que exige a certificação/aprovação ou parecer das entidades legalmente definidas, e, por isso, não as entregando para efeitos da emissão da autorização de utilização, daria cumprimento à exigência legal de que as mesmas seriam obtidas. Cfr. Fernanda Paula Oliveira, Dulce Lopes, *Formulários de Direito do Urbanismo*, Coimbra, Almedina, 2012, ficha 56, p. 116.

mente difícil, para não dizer impossível, que nessa vistoria se consiga avaliar a correta execução dos referidos projetos de especialidades.

Esta norma não pode deixar de ser lida articuladamente com o nº 3 do artigo 64º (que, a nosso ver, repete desnecessariamente o atual nº 10 do artigo 13º): nas situações em que os projetos de especialidade estão sujeitos a certificação/aprovação ou pareceres estes têm de ser obtidos e entregues para efeitos de emissão de autorização de utilização a não ser que exista termo de responsabilidade que ateste que os mesmos foram (ou serão) obtidos.

Tudo conjugado, decorre a nosso ver dos normativos em referência que o pedido de autorização apresentado na sequência de obras sujeitas a licenciamento ou a comunicação prévia deve ser instruído com:

– termo de responsabilidade do diretor de obra ou diretor de fiscalização emitido nos termos do nº 1 do artigo 63º;
– certificação legalmente exigida sobre a execução dos projetos de electridade e do gás;
– a certificação, aprovação ou parecer sobre a execução dos projetos das especialidades que legalmente sejam exigidos ou, em alternativa, com termo de responsabilidade emanada nos termos do nº 10 do artigo 13º, do nº 2 do artigo 63º e do nº 3 do artigo 64º acompanhada de declaração subscrita pelo autor de projeto ou pelo diretor de obra/ diretor de fiscalização de que tais elementos foram (ou serão) obtidos.

Faltando qualquer destes elementos terá de ser realizada vistoria para averiguar se a execução de qualquer daqueles projetos foi efetuado nos termos dos projetos aprovados (ou entregues, no caso da comunicação prévia) com as dificuldades, que apontamos, para os projetos de especialidade, que dificilmente são avaliáveis numa vistoria a "olho nu".

3.6. Consultas

Ainda em matéria de tramitação a desenvolver para a realização de operações urbanísticas, cabe uma breve referência às consultas.

a) Menciona-se, em primeiro lugar, a consagração expressa da dispensa de consulta a entidades externas em procedimentos relativos a operações urbanísticas que já tenham sido objeto de apreciação favorável no âmbito

MAIS UMA ALTERAÇÃO AO REGIME JURÍDICO DA URBANIZAÇÃO E DA EDIFICAÇÃO

de procedimentos de informação prévia, de aprovação de operações de loteamento urbano ou de aprovação de planos de pormenor, com exceção dos planos de salvaguarda que estabeleçam a necessidade dessa consulta no momento da sua própria realização (nº 2 do artigo 13º). Estando em causa, com efeito, em qualquer destas situações, instrumentos de planeamento ou atos de gestão urbanística que regulam ou definem antecipadamente as condições de realização da operação urbanística, as entidades que sobre ela têm de se pronunciar fazem-no no âmbito daqueles procedimentos, tornando desnecessária uma nova pronúncia no momento em que esta se vai realizar.

Uma análise atenta de todas estas situações permite concluir que as mesmas ocorrem essencialmente quando estão em causa operações urbanísticas sujeitas a comunicação prévia, o que significa que neste caso muito dificilmente será necessário promover essas consultas.[34]

Exceciona-se a situação em que o instrumento de planeamento que antecede a pretensão é um plano de pormenor de salvaguarda que estabeleça a necessidade dessa consulta em momento de realização da própria operação urbanística. Trata-se dos casos em que o plano de pormenor não consegue antecipar todas as implicações da pretensão no património cultural. Por exemplo, a entidade responsável pelo património cultural pronuncia-se sobre uma operação de loteamento que se integra em área de proteção de um imóvel classificado, emanando parecer favorável ao mesmo (que antecipa os parâmetros aplicáveis às construções a erigir nos lotes), mas deve pronunciar-se posteriormente sobre a construção a erigir nos lotes integrados naquela área de proteção na medida em os parâmetros definidos para o lote podem ter uma concretização arquitetónica muito diferenciada, com impacto no bem classificado.

Refira-se que a solução da desnecessidade de consulta nos casos referidos não é, em boa verdade, uma novidade, na medida em que ela já decorria, ainda que não explicitamente formulada, das versões anteriores do RJUE: era isso que justificava, por exemplo, que na autorização, na configuração originária deste regime jurídico, não tivesse que se dar cumprimento ao trâmite da consulta a entidades externas; e era isso que justificava a exce-

---

[34] Também não haverá lugar a estas consultas no âmbito dos procedimentos de licenciamento que, por opção do interessado, sejam desencadeados como alternativa à comunicação prévia (nº 6 do artigo 4º), precisamente por essas entidades já se terem pronunciado antecipadamente.

cionalidade dessas consultas no âmbito do procedimento de comunicação prévia nas versões do RJUE anteriores à que aqui se analisa.[35]

b) Uma das dificuldades detetada na versão anterior do RJUE relativamente à consulta a entidades exteriores por via da intermediação das CCDRs prendia-se com a falta de previsão, no artigo 13º-A, de qualquer prazo para as entidades consultadas solicitarem elementos suplementares necessários à respetiva pronúncia. [36]

Numa das conclusões interpretativas que foi homologada pelo Secretário de Estado Adjunto e da Administração Local resultante de reunião jurídica realizada entre a DGAL, as CCDR, a IGAOT e o CEFA, ao abrigo do despacho de 4 de maio de 2006 de Sua Exª o Secretário de Estado Adjunto e da Administração Local, decorria que estas entidades poderiam solicitar os elementos em falta, mas, como essa solicitação não suspendia os prazos de pronúncia, se a data da receção desses elementos não permitisse a sua apreciação ou se não fossem recebidos atempadamente, teria de haver uma pronúncia negativa.

Tivemos oportunidade de discordar desta solução[37], que determina a emanação de um parecer desfavorável por razões de ordem formal (instrução), até porque estava em contradição com o disposto no artigo 13º (que vale para todos os pareceres); mas reconhecíamos a ausência de uma solução satisfatória para esta situação, ainda para mais quando havia (e há) regimes especiais, como os da Reserva Agrícola e Ecológica Nacionais, que prevêm a possibilidade de serem pedidos mais elementos, com suspensão do procedimento.

Ora, esta lacuna é agora preenchida: nos termos da alínea *a)* do nº 5 do artigo 13º-A, quando as entidades consultadas verificarem a existência de omissões ou irregularidades no requerimento e nos elementos instrutórios cuja junção é obrigatória devem, no prazo de 8 dias (e, portanto, por uma única vez) requerer à CCDR que convide o interessado a supri-las no prazo de 15 dias, recomeçando a contagem do prazo para se pronunciarem com a receção dos elementos adicionais solicitados ou com o inde-

---

[35] Cfr. Fernanda Paula Oliveira, Maria José Castanheira Neves, Dulce Lopes e Fernanda Maçãs *Regime Jurídico da Urbanização e Edificação, cit.*, p. 223-224
[36] Cfr. Fernanda Paula Oliveira, Maria José Castanheira Neves, Dulce Lopes e Fernanda Maçãs *Regime Jurídico da Urbanização e Edificação, cit.*, p. 242.
[37] Idem.

ferimento do requerimento de aperfeiçoamento pela CCDR (este apenas pode ser recusado, em nosso entender, se a CCDR entender que o pedido de aperfeiçoamento feito pela entidade consultada não tem razão de ser ou é manifestamente dilatório por já existirem no processo elementos suficientes para estas se pronunciarem).

A alínea *b)* deste normativo prevê ainda a possibilidade de suspensão do processo de consulta quando entidade tenha de obter, por força de compromissos assumidos no âmbito de tratados internacionais ou de obrigações decorrentes de legislação comunitária, parecer prévio de entidade sedeada fora do território nacional, circunstância que terá de ser comunicada à CCDR não podendo, em todo o caso, a suspensão ter duração superior a 20 dias.

c) No âmbito do artigo 13º-A na versão anterior àquela que aqui estamos a analisar, ou bem que a posição das entidades era divergente (em sentido favorável ou em sentido desfavorável da pretensão), situação em que a CCDR devia emitir um parecer em conformidade (favorável ou desfavorável respetivamente), ou bem que as suas posições eram divergentes (umas favoráveis e outras desfavoráveis) situação em que a CCDR tinha de convocar uma conferência de serviços (aqui designada de decisória).

O que se determina agora no nº 7 do artigo 13º é que *caso existam pareceres desfavoráveis* (e não posições divergentes) a CCDR promove uma *"reunião preferencialmente por videoconferência"* (e não uma conferencia decisória), onde o interessado também pode participar.

Registamos a este propósito várias insuficiências de redação que podem suscitar dúvidas na aplicação prática deste normativo.

Assim, desde logo pergunta-se: se todas as entidades emitirem parecer desfavorável, estaremos no âmbito do nº 6 do artigo 13º-A (as posições são convergentes, devendo a CCDR emitir parecer desfavorável) ou no âmbito do nº 7 do mesmo artigo (os pareceres são negativos) devendo ser promovida uma conferência de serviços?

Mais, a reunião (por intermédio ou não de videoconferência), é o mesmo que conferência de serviços?

No que concerne à primeira questão, a dúvida faz sentido na medida em que agora a concertação não é apenas entre as entidades (que até podem ter uma posição convergente quanto ao indeferimento da pretensão e, por isso, nada têm a concertar entre si), mas também com o interessado que pode, nesse âmbito, convencer (ou tentar convencer) as entidades da legalidade do seu projeto ou demonstrar disponibilidade para o alterar em consonância com a posição que estas entidades venham a assumir no âmbito do debate a que a conferência é propícia.

A articulação deste nº 7 com o nº 6 leva-nos, porém, à conclusão que esta conferência apenas deve ter lugar quando existam pareceres negativos em simultâneo com pareceres favoráveis, na medida em que apenas nestes caso faz sentido tentar encontrar uma decisão (sentido das consultas) que coincida quanto à realização ou não da pretensão. O que, por outro lado, não prejudica a posição do interessado na medida em que ele não fica impedido de reclamar contra os pareceres emitidos (no caso, por intermédio do parecer desfavorável da CCDR que os absorve) ao abrigo do disposto no artigo 114º.

Ainda a este propósito esclarece-se que caso a CCDR não comunique ao município o parecer congregador dos vários pareceres dos organismos da Administração direta ou indireta do Estado, considera-se que as consultas tiveram sentido favorável, solução que já era apontada pela doutrina que a ela chegava por aplicação das regras gerais referentes a todos os pareceres consagrada no artigo 13º do RJUE (atualmente o nº 6 segundo o qual considera-se haver concordância com a pretensão formulada se os respetivos pareceres, autorizações ou aprovações não forem recebidos dentro do prazo legalmente fixado).[38]

No que diz respeito à segunda questão, parece-nos que o legislador se preocupou no nº 7 mais com a forma da reunião (videoconferência) do que com a sua natureza (conferência de serviços), sendo certo que é deste tipo de "reunião de entidades" a que se refere o nº 7, como aliás decorre logo da leitura do nº subsequente que a ela se refere expressamente como sendo uma conferência decisória na medida em que desencadeia numa única decisão (parecer) emanada pela CCDR que resulta do exercício conjunto das competências dos órgãos participantes.

---

[38] Cfr. Fernanda Paula Oliveira, Maria José Castanheira Neves, Dulce Lopes e Fernanda Maçãs *Regime Jurídico da Urbanização e Edificação, cit.*, p. 242.

4. Loteamentos urbanos

Uma das mais importantes operações urbanísticas, dado o impacto que têm no território, são as operações de loteamento urbano, que continuam a assumir um relevo central no âmbito do RJUE.

Vejamos quais sãos as principais alterações que se prendem com esta operação urbanística.

a) O primeiro aspeto que salta à vista prende-se com o disposto no artigo 41º – referente à localização das operações de loteamento – que permanece praticamente inalterado (apenas lhe tendo sido aditada a referência aos planos intermunicipais de ordenamento do território). Não pode, no entanto, este normativo deixar de ser lido em consonância com as alterações efetuadas no âmbito da LBPSOTU no que concerne à classificação dos solos. Senão vejamos.

Sendo as operações de loteamento típicas operações de urbanização do território as mesmas sempre foram admitidas apenas, com exceções devidamente enquadradas, como os loteamentos para fins turísticos, dentro dos *perímetros urbanos*, conceito este que, como é sabido, foi evoluindo ao longo dos anos.

Com o Decreto-Lei nº 69/90, de 2 de março, o perímetro urbano correspondia ao conjunto dos solos urbanizados, dos solos urbanizáveis e dos solos industriais, sendo apenas nestas áreas que podiam ser aprovadas operações de loteamento. A partir da Lei nº 48/98, de 11 de agosto e do Regime Jurídico dos Instrumentos de Gestão Territorial (RJIGT) desaparece, da classe do solo urbano, a categoria do urbanizável, tendo sido introduzido o conceito de *programação da execução*: a classe do solo urbano já só integrava,

MAIS UMA ALTERAÇÃO AO REGIME JURÍDICO DA URBANIZAÇÃO E DA EDIFICAÇÃO

então, o solo urbanizado (infraestruturado) e o solo de urbanização programada, ainda que não fosse clara a diferença, nestes diplomas, entre o solo urbano com a programação já aprovada (*solo de urbanização programada* propriamente dito – alínea *b*) do nº 2 do artigo 72º do RJIGT) – e aquele em que tal não tinha ainda acontecido – *solo cuja urbanização fosse possível programar* (alínea *b*) do nº 4 do artigo 73º do RJIGT), portanto, ainda não programado mas previsto (e delimitado no plano) como destinado ao processo de urbanização e edificação mediante prévia programação municipal. Nesta situação, e por força do artigo 41º a que aqui nos referimos, os loteamentos urbanos apenas podiam ser aprovados em solos já urbanizados e naqueles cuja programação já estivesse aprovada, excluindo-se a sua realização do solo urbano sujeito a programação e em que esta ainda não tivesse sido aprovada (cfr. a letra do preceito aqui em referência).

Com a Lei nº 31/2014, o conceito de perímetro urbano "sofre" uma restrição, já que passa a integrar apenas os solos que *estão total ou parcialmente urbanizados* e *afetos* por plano territorial à urbanização e edificação, desaparecendo da classe do solo urbano aqueles solos em relação aos quais, não obstante o plano lhes reconhecesse vocação para o processo de urbanização, ainda não tivessem sido objeto de programação.[39]

A opção que consta da Lei nº 31/2014 é, assim, a de que o solo ainda não urbanizado nem edificado, enquanto não for objeto de programação, é rústico, nada impedindo, em todo o caso, que o mesmo se venha a *transformar em urbano* por efeito da aprovação da respetiva programação (que, contudo, para evitar problemas de inconstitucionalidade dado o princípio da reserva do plano, apenas poderá ocorrer por via de um instrumento de planeamento – plano de urbanização e plano de pormenor – devidamente enquadrado em instrumentos contratuais).[40]

Pretende-se, com esta opção, evitar a especulação que decorreria das expetativas criadas com a mera previsão pelo plano de que os solos urba-

---

[39] Solução que apenas valerá na integra para os planos municipais e intermunicipais cuja elaboração ou revisão seja determinada após a entrada em vigor da LBPSOTU ou que, estando em elaboração aquando da entrada em vigor desta lei, ainda tenham o seu procedimento pendente um ano após essa data, isto por força da norma transitória constante do artigo 82º da Lei 31/2014. Sobre este regime transitório vide o nosso *O regime transitório da Lei nº 31/2014, de 30 de maio, in. Questões Atuais de Direito Local, nº 3,* julho/setembro 2013.

[40] Esta solução não resulta, porém, como referimos, da Lei de Bases, sendo indiciada pela leitura de algumas versões de proposta de alteração ao RJIGT que já viram a luz do dia.

nos não programados (tradicionalmente urbanizáveis) se podem vir a destinar ao processo urbano.[41]

Em todo o caso, a mera aprovação da programação não tem como efeito imediato "transformar" o solo rústico em urbano, atento o facto de, nos termos da alínea *b)* do nº 2 do artigo 10º da LBPOTU, não bastar, para que um solo seja urbano, que o mesmo esteja afeto em plano territorial à urbanização e edificação (no caso, o plano que aprova a reclassificação e vem associado a uma programação), sendo ainda necessário que o mesmo se encontre já *"total ou parcialmente urbanizado ou edificado"*. Donde ter de se concluir que apenas com a execução efetiva (materialização) do referido plano, de acordo com a programação que o acompanha, o solo se "transforma" em urbano – apenas a partir desse momento integra o perímetro urbano –, e não com a mera aprovação do plano e respetiva programação.

Tendo em conta o referido, podemos concluir que não existe agora uma coincidência entre perímetro urbano e áreas onde se podem concretizar operações de loteamento urbano: estes podem ocorrer não só em áreas delimitadas nos planos municipais e intermunicipais como perímetros urbanos (por estarem total ou parcialmente urbanizados), mas também em solos rústicos para os quais tenha sido aprovado um plano (de urbanização e de pormenor) acompanhados dos devidos instrumentos de programação (solos de urbanização programada), que se transformarão em urbanos precisamente com a concretização/execução da operação de loteamento.

---

[41] Poderia afirmar-se que tal especulação não é impedida com a solução agora adotada na medida em que as referidas expetativas (geradoras de pressão e especulação) passam a incidir *todo o solo rústico* já que todo ele, salvaguardas as devidas condições, *maxime*, a inexistência de restrições de interesse público, pode vir a ser destinado ao processo urbano pela simples aprovação de um instrumento de planeamento.

Em resposta afirma-se que se isto é verdade, não é menos verdade que a opção de transformar solo rústico em solo urbano terá de estar sempre associada a uma intervenção urbanística demonstradamente viável do ponto de vista económico e financeiro (com apresentação de garantias para o seu desenvolvimento e demonstração da inexistência de alternativas mais económicas, nomeadamente, a reabilitação e com interiorização da totalidade dos encargos com as infraestruturas de suporte bem como da apresentação de um plano de pormenor ou de urbanização com programa de desenvolvimento exigente e cronologicamente definido). O que pretende tornar claro que apenas desenvolvendo todo o processo produtivo complexo de urbanização, com a assunção dos encargos correspondentes, os proprietários obterão o direito urbanístico pretendido, sendo tendencialmente eliminada qualquer expectativa fundada de "mais-valia caída do céu" resultante da simples classificação do solo como urbanizável.

MAIS UMA ALTERAÇÃO AO REGIME JURÍDICO DA URBANIZAÇÃO E DA EDIFICAÇÃO

b) Outra novidade referente às operações de loteamento (e que se estende às operações com impacte semelhante a um loteamento e às operações com impacte urbanístico relevante por estar em causa um regime que também lhes é extensível) prende-se com a reversão das parcelas cedidas quando não são utilizadas para os fins que justificaram a cedência. O legislador vem agora determinar que se considera não existir alteração de afetação da cedência para efeitos do funcionamento do direito de reversão previsto no artigo 45º sempre que as parcelas cedidas sejam afetas a um dos fins previstos no nº 1 do artigo anterior, independentemente das especificações eventualmente constantes do documento que titula a transmissão. Solução que, na verdade e no final, torna intercambiais os parâmetros de dimensionamento das áreas para espaços verdes e de utilização coletiva, infraestruturas e equipamentos.

Em consonância com esta solução julgamos que não faz sentido a solução constante do nº 5 do artigo 45º que obriga, no caso de ter ocorrido reversão, que as parcelas revertidas sejam afetas às mesmas finalidades a que deveriam estar afetas aquando da cedência, salvo quando se trate de parcela a afetar a equipamento de utilização coletiva, caso em que a parcela pode ser destinada a espaço verde, procedendo-se ainda ao averbamento desse facto no respetivo alvará ou à sua integração na comunicação prévia. Ora, se se considera que a Administração pode utilizar a parcela cedida para um fim diferente desde que ainda integrado num dos que se encontram referidos no nº 1 do artigo 44º, não vemos porque recusar ao interessado em favor de quem funciona a reversão a mesma faculdade.

c) Outro grupo de novidades no âmbito das operações de loteamento é a que se prende com a alteração das licenças de loteamento, quer de iniciativa dos próprios interessados (artigo 27º), quer de iniciativa da câmara municipal (artigo 48º).

α) No que diz respeito às alterações às licenças de loteamento por iniciativa dos interessados, a primeira novidade diz respeito à legitimidade acrescida que sempre foi exigida para que a mesma possa ser desencadeada, legitimidade essa que se fundamenta na necessidade de salvaguardar a confiança de terceiros adquirentes dos lotes.

A este propósito dispunha o nº 3 do artigo 27º, na versão imediatamente anterior ao Decreto-Lei a que aqui nos referimos que *"a alteração da ope-*

ração de loteamento não pode ser aprovada se ocorrer oposição escrita da maioria dos proprietários dos lotes constantes do alvará". O atual nº 3 dispõe agora que "a alteração da licença de operação de loteamento não pode ser aprovada se ocorrer oposição escrita dos titulares da maioria da área dos lotes constantes do alvará", mudando assim substancialmente a regra vigente: deixa agora de contar o número de proprietários independentemente da área dos respetivos lotes e passa a ter relevo a área dos lotes, independentemente do número de proprietários afetados, o que não deixa de ser uma opção estranha para uma norma cuja finalidade é proteger as expetativas que os adquirentes dos lotes depositaram nas especificações do alvará.[42] Solução que se apresenta tanto mais estranha quanto essa não é a regra para a alteração do loteamento que, em vez de licenciado, tenha sido objeto de comunicação prévia[43]: podendo estar em causa uma operação de loteamento exatamente com as mesmas caraterísticas e com o mesmo nº de interessados, a alteração da comunicação prévia exige a não oposição da maioria dos proprietários dos lotes, independentemente da área (artigo 48º-A).

Outra novidade introduzida no artigo 27º é o alargamento da alteração "simplificada" prevista no nº 8º (sujeita somente a uma simples deliberação câmara municipal, com dispensa de quaisquer outras formalidades, incluindo aquela a que nos referimos antes em termos de legitimidade reforçada) também às variações até 3% do número de fogos[44] e não apenas das áreas de implantação e de construção.

β) No que se refere às alterações das operações de loteamento por iniciativa da câmara municipal, regista-se as alterações efetuadas no artigo 48º que tornam claros os efeitos das operações de loteamento enquanto ato constitutivos de direitos urbanísticos. Efetivamente, como sempre afirmamos, o deferimento de uma operação de loteamento confere não apenas o direito à *transformação fundiária* na área por ela abrangidas, mas também,

---

[42] Numa situação de um loteamento com muitos lotes de dimensão reduzida e poucos de dimensão maior, pode até suceder, no limite, que baste a oposição de apenas um proprietário para inviabilizar uma alteração pretendida por muitos.

[43] Situação que ocorre quanto a operação de loteamento tiver sido antecedida de uma informação prévia qualificada, isto é, emanada nos termos dos nºs 2 e 3 do artigo 14º.

[44] Apelando ao espírito do artigo, julgamos dever ser também admissível a variação do número de unidades susceptíveis de utilização independente com outros usos (por exemplo comércio e/ou serviços).

em virtude de dar origem a *lotes urbanos* (isto é, novos prédios destinados a edificação urbana), e não, simplesmente, a novos prédios, o direito de o respetivo titular vir a concretizar as *operações urbanísticas* previstas para os mesmos. Estes direitos apenas poderão ser postos em causa por instrumento de planeamento (ou equivalente) posterior caso estes assim o determinem expressamente e seja introduzida uma correspondente alteração ao loteamento, com efeitos indemnizatórios para os interessados.

E para que não restem quaisquer dúvidas, veio o Decreto-Lei nº 136/2014 introduzir no artigo 48º uma disposição (nº 6) segundo a qual *"Enquanto não forem alteradas as condições das operações de loteamento nos termos previstos no nº 1, as obras de construção, de alteração ou de ampliação, na área abrangida por aquelas operações de loteamento, não têm que se conformar com planos municipais ou intermunicipais de ordenamento do território ou áreas de reabilitação urbana posteriores à licença ou comunicação prévia da operação de loteamento."*

Mais. Tal como constava já da versão anterior, o nº 4 determina que *"a pessoa coletiva que aprovar os instrumentos referidos no nº 1 que determinem direta ou indiretamente os danos causados ao titular do alvará e demais interessados, em virtude do exercício da faculdade prevista no nº 1, é responsável pelos mesmos nos termos do regime geral aplicável às situações de indemnização pelo sacrifício."*, mas acrescentando ainda um nº 5 que determina que *"sem prejuízo do disposto no número anterior, nas situações de afetação das condições da licença ou comunicação prévia que, pela sua gravidade ou intensidade, eliminem ou restrinjam o seu conteúdo económico, o titular do alvará e demais interessados têm direito a uma indemnização correspondente ao valor económico do direito eliminado ou da parte do direito que tiver sido restringido"*, o que corresponde a um claro reconhecimento de que as operações de loteamento conferem direitos urbanísticos aos interessados, designadamente aos adquirentes dos lotes.[45]

---

[45] Fica assim afastada por via da lei a jurisprudência constante do Acórdão do Supremo Tribunal Administrativo de 11 de Novembro de 2004, proferido no âmbito do Processo nº 0873/03; do Acórdão do Supremo Tribunal Administrativo de 6 de Março de 2007, emitido pelo Pleno da Secção do Contencioso Administrativo no âmbito do mesmo processo e do Acórdão do Tribunal Constitucional nº 496/2008, proferido no âmbito do Processo nº 523/2007. Para uma crítica à posição defendida nestes acórdãos cfr. o nosso *Loteamentos Urbanos e Dinâmica das Normas de Planeamento, Breve Reflexão Sobre as Operações de Loteamento Urbano e as Posições Jurídicas Decorrentes dos Respectivos Actos de Controlo*, Coimbra, Almedina, 2009.

d) De forma, porém, a impedir que os loteamentos se apresentem como instrumentos de definição das condições de ocupação urbanística das áreas sobre que incidem, concedendo direitos "eternos", isto é, que se mantêm "vivos" mesmo que nunca venham a ser concretizados, o legislador veio estabelecer um novo motivo de caducidade para as licenças e comunicações prévias: não serem iniciadas as obras de edificação previstas na operação de loteamento no prazo fixado para o efeito, nos termos da alínea *g)* do nº 1 do artigo 77º [a alínea *c)* do nº 1 do artigo 71º].[46] Curiosamente o normativo para que se remete [artigo 77º, nº 1, alínea *g)*] refere-se à necessidade de o alvará de loteamento (exigência que terá de se considerar estendida ao titulo das comunicações prévias) identificar o prazo máximo *para a conclusão das operações de edificação previstas na operação de loteamento* (e não para o seu início) o qual deve observar o prazo previsto no instrumento de programação da execução do plano territorial de âmbito municipal ou intermunicipal aplicável e não pode ser superior a 10 anos. O que significa que, passado esse prazo máximo (ou o prazo fixado no instrumento de programação da execução) os lotes "perdem" o caráter de lotes urbanos, por neles já não poder ser concretizada a obra de edificação prevista na operação de loteamento.

Julgamos é que tem de se proceder a uma leitura articulada entre o disposto na alínea *a)* do nº 7 do artigo 71º (que se refere à data da apresentação da comunicação prévia), na alínea *c)* do nº 1 do artigo 71º (que se refere ao início das obras de edificação) e na alínea *g)* do mesmo normativo (que se refere à sua conclusão), devendo o alvará de loteamento (e o título da comunicação prévia) integrar um prazo para a realização das obras de edificação que terá de estar em consonância com os prazos constantes do instrumento de *programação* aprovado para a área, instrumento esse que terá de indicar sempre o prazo da respetiva conclusão podendo ainda fixar o prazo para o seu início considerando-se que aqui o que vale não é o início da obra mas o inicio dos tramites necessários para a construção no lote (apresentação da comunicação prévia ou pedido de licenciamento, quando se opte por este procedimento): fixados estes prazos, tanto é causa de caducidade o não desencadeamento daqueles trâmites como a não conclusão da obra nos prazos fixados para o efeito.

---

[46] Refira-se que existe aqui uma contradição com o disposto na alínea *a)* do nº 1 do artigo 71º, na medida em que para este o que conta, para evitar a caducidade do loteamento no que ao lote diz respeito, é data da apresentação da comunicação prévia e não do inicio da obra.

Verifica-se, deste modo, uma alteração substancial ao regime atual, na medida em que, ao abrigo deste, tendo sido realizadas as obras de urbanização do loteamento, este não caduca, independentemente de nos lotes não se chegarem a erigir as construções previstas. Agora, ainda que a área esteja devidamente urbanizada (por as obras de urbanização terem sido realizadas atempadamente) pode ainda assim caducar o loteamento, "desaparecendo" as especificações urbanísticas dos lotes, o que ocorrerá sempre que não sejam iniciadas nos mesmos, e no prazo definido no título da operação em consonância com o previsto no instrumento de programação, os trâmites tendentes a concretizar a edificabilidade prevista para os lotes, ou as obras não sejam efetuadas nesses prazos.

Refira-se que, na medida em que nos atuais títulos de operações de loteamento estes prazos (para o início daqueles trâmites e para a conclusão das obras de edificação a concretizar nos lotes) não são identificados, por não serem especificações que deles devam constar obrigatoriamente, esta causa de caducidade não se aplica a loteamentos com título eficaz, apenas se aplicando àqueles que venham a ser aprovados após a entrada em vigor deste diploma.

Mais, tendo em conta que estes prazos devem ser estabelecidos em consonância com o *instrumento de programação da execução* do plano municipal e intermunicipal aplicável, entendemos que esta causa de caducidade apenas pode ser mobilizada quando se trate de um loteamento a realizar em terrenos *cuja urbanização se encontre programada* e não já quando o mesmo se concretize em *terrenos urbanizados* (cfr. artigo 41º), onde esta caducidade não faz sentido. Com efeito, apenas faz sentido fazer caducar direitos urbanísticos naquelas situações em que, não fosse a aprovação da operação de loteamento, os solos em causa permaneceriam numa situação de rústicos. Já naquelas em que, por os solos já estarem urbanizados, sempre poderão ser destinados à edificação, não vemos que motivo existe para que caduquem os direitos urbanísticos deles resultantes.

Nesta situação (como naquelas em que as obras de urbanização não são concluídas dentro dos prazos) a caducidade não opera em relação aos lotes para os quais já haja sido deferido pedido de licenciamento para obras de edificação ou já tenha sido apresentada comunicação prévia da realização dessas obras e, ainda, de forma a evitar a formação de verdadeiras ilhas urbanas (com lotes erigidos "no meio do nada"), não produz efeitos relativamente às parcelas cedidas para implantação de espaços verdes públicos e equipamentos de utilização coletiva e infraestruturas que sejam indispensáveis aos lotes em relação aos quais a caducidade não opera e sejam identificadas pela câmara municipal na declaração de caducidade.[47]

Outra novidade a este propósito é o previsto na alínea *c)* do nº 7 do artigo 71º que mais não é que a integração na lei dos efeitos das caducidades dos loteamentos que vem sendo defendido pelo Instituto do Registo e Notariado, posição que podemos encontrar, por exemplo, na deliberação proferida no âmbito do Processo RP 52/2013 STJ-CC da qual decorre que a declaração de caducidade da licença não tem por efeito o regresso à situação cadastral anterior: por força daquela declaração, apenas deixam se subsistir os efeitos urbanísticos decorrentes da licença de loteamento: a constituição de *lotes urbanos* e de parcelas destinadas a fins coletivos. De onde decorre, que cada nova unidade predial resultante do loteamento (quer correspondesse a lotes para construção quer a parcelas para fins coletivos) continua a existir como tal, na sua autonomia e individualidade, com os direitos que sobre ela existiam (ou seja, não há lugar à *reposição do prédio na situação anterior ao ato de fracionamento*); perdem **é** o seu estatuto urbanístico (de lote para construção ou de parcela para fins coletivos) por se "apagarem" do registo as especificações decorrentes das licenças para cada um deles.

É neste sentido que deve ser entendido o disposto na alínea *c)* do nº 1 do artigo 71º segundo o qual *"nas situações previstas na alínea c) do nº 1, a caducidade não produz efeitos, ainda, quanto à divisão ou reparcelamento fundiário resultante da operação de loteamento, mantendo-se os lotes constituídos por esta operação*[48]*, a respetiva área e localização e extinguindo-se as demais especificações relativas aos lotes, previstas na alínea e) do nº 1 do artigo 77º"*.[49]

---

[47] Segue-se assim a solução que propúnhamos no comentário 8 do artigo 71º do RJUE, onde afirmávamos *"O legislador admite, como exercício de ponderação de interesses, que se excluam da declaração de caducidade os lotes para os quais tenha já sido aprovado um licenciamento ou apresentada uma comunicação prévia (...). Esta solução legal coloca, no entanto, a questão de apenas se poderem manter ou concretizar os lotes isolados relativamente aos quais tais requisitos estejam preenchidos, e não as parcelas comuns ou públicas a eles afectas o que pode levar à existência de verdadeiras ilhas urbanas no meio do nada. Nestes casos, pensamos que o município deveria poder declarar parcialmente a caducidade ressalvando as parcelas ligadas àquele lote, para assegurar uma sua funcionalidade urbana."* Cfr. Fernanda Paula Oliveira, Maria José Castanheira Neves, Dulce Lopes e Fernanda Maçãs *Regime Jurídico da Urbanização e Edificação, cit.*, p. 546-547.

[48] Em boa verdade, se se "apagam" as prescrições urbanísticas dos lotes, estes deixam de ter este estatuto, passando a ser meras parcelas que terão a capacidade edificativa que o instrumento de planeamento em vigor para a área lhe atribua.

[49] Para maiores desenvolvimentos sobre esta posição cfr. o nosso *Direito Registral e Urbanismo, in* Revista do CENOR, nº 4, no prelo.

5. Responsabilidade civil dos intervenientes nas operações urbanísticas

O legislador veio inovadoramente identificar os vários intervenientes nas operações urbanísticas bem como as responsabilidades que lhes cabem no âmbito do processo de urbanização e de edificação. Regula, assim, o artigo 100º-A, a responsabilidade de promotores[50], de donos de obra, de empreiteiros[51], dos vários técnicos que intervêm no processo (técnicos autores dos projetos, coordenadores dos projetos, diretores da obra e responsáveis pela fiscalização).[52]

Nos termos deste normativo, todos estes intervenientes que violem, com dolo ou negligência, por ação ou omissão, os deveres inerentes ao exercício da atividade a que estejam obrigados por contrato ou por norma legal ou regulamentar aplicável são responsáveis pelo ressarcimento dos danos causados a terceiros e pelos custos e encargos das medidas específicas de reconstituição da situação que existiria caso a ordem jurídica urbanística não tivesse sido violada.

Relativamente a operações urbanísticas sujeitas a controlo prévio que tenham sido desenvolvidas em violação das condições previstas na licença, comunicação prévia ou autorização, o nº 2 do artigo 100º-A estabelece uma responsabilidade solidária entre os empreiteiros, os diretores da obra e os responsáveis pela fiscalização, sem prejuízo da responsabilidade dos promotores e dos donos da obra, nos termos gerais.

---

[50] Definidos, para este efeito, no nº 5 deste artigo.
[51] Pessoa jurídica, pública ou privada, que exerce a atividade de execução das obras de edificação e urbanização e se encontre devidamente habilitada pelo InCI, I.P (nº 6 do artigo 100º-A).
[52] Trata-se dos técnicos a que se refere a Lei nº 31/2009, de 3 de julho.

No que concerne a operações urbanísticas sujeitas a controlo prévio que tenham sido realizadas sem tal controlo ou estejam em desconformidade com os seus pressupostos ou com qualquer das condições previstas na lei para a isenção de controlo prévio, determina o nº 3 deste normativo uma responsabilidade solidária entre os promotores e donos da obra, os responsáveis pelos usos e utilizações existentes e os empreiteiros e os diretores da obra.

No caso de operações urbanísticas incompatíveis com os instrumentos de gestão territorial aplicáveis consideram-se solidariamente responsáveis os autores e coordenadores dos projetos e dos demais documentos técnicos, os diretores da obra e os responsáveis pela fiscalização (nº 4). Embora este dispositivo não o determine, no caso de a operação ter estado sujeita a um ato de controlo prévio, também o órgão competente pela prática do ato permissivo tem de ser solidariamente responsabilizado.

Nas situações em que seja impossível determinar o autor do dano ou, havendo concorrência de culpas, não seja possível precisar o grau de intervenção de cada interveniente no dano produzido, todos os intervenientes na realização de operações urbanísticas respondem solidariamente (nº 8).

6. Reposição da legalidade urbanística

a) Com o Decreto-Lei nº 136/2014 substitui-se o conceito de medidas de tutela de legalidade urbanística pelo de medidas tutela e reposição (restauração) da legalidade urbanística, conceito que pretende esclarecer melhor a finalidade destas medidas que é, no final, a reintegração da ordem administrativa violada.[53]

Não sendo uma novidade, estas medidas surgem agora melhor explicitadas, ainda que correspondam quase na integra às que já se encontravam previstas: embargo de obras ou de trabalhos de remodelação de terrenos; suspensão administrativa da eficácia de ato de controlo prévio (que surge agora autonomizada[54]); determinação da realização de trabalhos de correção ou alteração da operação; legalização das operações urbanísticas; determinação da demolição total ou parcial de obras; reposição do terreno nas condições em que se encontrava antes do início das obras ou trabalhos; e determinação da cessação da utilização de edifícios ou suas frações autónomas.

Identifica agora também o legislador, de uma forma mais clara, os motivos que podem conduzir à adoção destas medidas e que será sempre que

---

[53] Isto não obstante as medidas não tenham todas a mesma finalidade imeditata. Por exemplo, o embargo não determina, por si só, a reposição da legalidade, sendo antes uma medida cautelar que visa impedir o agravamento da ilegalidade e, deste modo, facilitar tal reposição. Por sua vez as medidas referidas no nº 3 do artigo 102º valem como medidas de polícia administrativa preventiva distinguindo-se das medidas referidas no nº 1 do mesmo artigo por intervirem em momento posterior à ilegalidade.

[54] Por exemplo, pode justificar-se quando a obra ainda não começou a ser executada e não se pode, por esse facto, lançar mão do embargo.

as operações: sejam realizadas sem os necessários atos administrativos de controlo prévio; em desconformidade com os respetivos atos administrativos de controlo prévio; ao abrigo de ato administrativo de controlo prévio revogado ou declarado nulo; em desconformidade com as condições da comunicação prévia; e em desconformidade com as normas legais ou regulamentares aplicáveis. Trata-se de situações em que as operações urbanísticas são realizadas ilegalmente, ora por razões meramente *formais* (porque a operação não obteve, previamente à sua realização, o ato de controlo preventivo ou não foram desencadeados os trâmites necessários) ora por razões de ordem *material* (porque, para além ou independentemente de ausência de ato de controlo preventivo ou de comunicação prévia, a operação não cumpre, ou não cumpriu, quando foi realizada, as normas substanciais que lhe são aplicáveis).

No essencial as medidas de reposição da legalidade seguem o regime que para elas já estava determinado. A principal novidade a este propósito é a autonomização do procedimento de legalização como um procedimento que serve estes fins. Vejamo-lo mais em pormenor.

b) Como tivemos oportunidade de defender a outro propósito[55], uma nova realidade, incontornável nos últimos tempos, é o aumento dos procedimentos de legalização com o objetivo, quantas vezes, de os requerentes obterem o alvará de autorização de utilização para poderem vender os seus imóveis e, dessa forma, fazer face às dificuldades económicas por que passam.

Sucede, porém, que o RJUE sempre regulou apenas os procedimentos de controlo preventivo de operações urbanísticas, isto é, a situação em que a operação é primeiro apreciada pela Administração e somente após a prolação do ato permissivo é realizada. E, na ausência de um regime especial de legalização para operações isoladas[56], foram estes os procedimentos mobilizados, com todas as exigências que os envolvem e que raramente se apresentam como adequados para as hipóteses em que as operações já se encontram concretizadas.

---

[55] Cfr. o nosso "Regime Jurídico da Urbanização e da Edificação: O que Mudar?" *cit.* p. 21 e ss.
[56] Para situações de ilegalidade dotadas de maior complexidade, existem regimes especiais. É o caso do Regime das Áreas Urbanas de Génese Ilegal, aprovado pela Lei nº 91/95, de 2 de setembro, alterada pela Lei nº 165/99, de 14 de setembro, pela Lei nº 64/2003, de 23 de agosto, e pela Lei nº 10/2008, de 20 de fevereiro.

Muitos municípios, conhecendo bem esta realidade, foram criando regimes especiais nos respetivos regulamentos municipais, com a insegurança e a incerteza quanto à possibilidade de, por via regulamentar, criarem um regime próprio e específico para estas situações.

Defendíamos, por isso, a urgência e a indispensabilidade de o legislador criar um regime específico para a regularização de operações urbanísticas, tanto mais que algumas entidades, incluindo da Administração estadual, vinham mesmo, incompreensivelmente, negando, na ausência de previsão legal expressa, a possibilidade da sua mobilização, esquecendo que esta sempre existiu no nosso ordenamento jurídico (cfr. o artigo 167.º do Regulamento Geral das Edificações Urbanas) correspondendo a um conceito genérico de reposição da legalidade no caso concreto.[57]

Ora, o legislador veio, no artigo 102º-A do RJUE dar resposta a este repto e resolver as dúvidas que se poderiam suscitar, prevendo a legalização como uma das medidas de reposição da legalidade, a qual deve ser desencadeada sempre que estejam em causa operações urbanísticas ilegais, sem que se distinga, para este efeito, se a ilegalidade é meramente formal (ausência de atos de controlo preventivo ou comunicação prévia quando exigida ou operações baseadas em atos de controlo preventivo revogados, anulados ou declarado nulos) quer de ordem material (desconformidade com as condições do ato de controlo preventivo ou da comunicação prévia; desconformidade com normas legais ou regulamentares aplicáveis).

De acordo com este normativo deve a Administração, em homenagem ao princípio da proporcionalidade, proceder à apreciação sobre a viabilidade ou inviabilidade da legalização da operação ilegalmente realizada, poder que tanto pode ser exercido oficiosamente (nº 1 do artigo 102º-A) – situação em que a câmara municipal notifica os interessados para a legalização fixando-lhe um prazo para o efeito –, como ser de iniciativa dos interessados, devendo nestes caso o procedimento de legalização prosseguir sempre que seja possível à Administração municipal concluir, preliminarmente, por aquela possibilidade de legalização. Por isso dispõe o nº 6 do artigo aqui em referência, que o interessado na legalização pode

---

[57] Podendo consistir em procedimentos de vária ordem, tendo em consideração os motivos aos quais se liga a operação urbanística ilegal: ou o início de um procedimento com vista à verificação do cumprimento das normas aplicáveis quando não tenha sido desencadeado o procedimento de controlo preventivo exigível; ou um pedido de alteração à licença ou à comunicação prévia apresentada; ou a realização de trabalhos de correcção ou alteração da obra.

solicitar à câmara municipal informação sobre os termos em que esta se deve processar, devendo a câmara municipal fornecer essa informação no prazo máximo de quinze dias.

Está aqui em causa o cumprimento do princípio da proporcionalidade que impede a Administração de adotar medidas de reposição da legalidade mais gravosas para o interessado (designadamente a demolição ou a reposição do terreno na situação inicial) quando possa optar pelas menos gravosas.

O novo artigo 102º-A dá ainda resposta a um conjunto de questões práticas que se vinham colocando, esclarecendo o procedimento de legalização.

Assim, e desde logo, porque nestes casos a operação já está realizada, o procedimento de legalização não tem de ser instruído com todos os elementos exigíveis na realização de uma operação nova: os elementos exigíveis dependerão da pretensão concreta do requerente (por exemplo, será diferente se a legalização puder ocorrer sem necessidade de qualquer obra ou se esta tiver de ser antecedida da realização de obras de alteração, de ampliação ou demolição parcial das já realizadas), admitindo-se que a câmara solicite a entrega dos documentos e elementos, nomeadamente os projetos das especialidade e respetivos termos de responsabilidade ou os certificados de aprovação emitidos pelas entidades certificadoras competentes, que se afigurem necessários, designadamente, para garantir a segurança e saúde públicas (permitindo-se, *a contrario*, a dispensa dos restantes).

Ou seja, exige-se a entrega de documentos que visem comprovar o cumprimento, pela operação ilegal, de regras que visam salvaguardar a segurança e saúde das pessoas, admitindo-se a dispensa dos documentos comprovativos do cumprimento de regras destinadas a garantir o conforto e a comodidade dos utilizadores da operação urbanística (regras referentes à térmica ou à acústica dos edifícios, por exemplo).

Dispensa-se ainda, nos casos em que não haja lugar a obras de ampliação ou de alteração a apresentação de documentos que se prendem, precisamente, com essa execução: a calendarização da execução da obra; a estimativa do custo total da obra; o documento comprovativo da prestação de caução; a apólice de seguro de construção; a apólice de seguro que cubra a responsabilidade pela reparação dos danos emergentes de acidentes de trabalho; os títulos habilitantes para o exercício da atividade de construção válidos à data da construção da obra; o livro de obra; e o plano de segurança e saúde.

Mas o procedimento de legalização não difere do licenciamento ou comunicação prévia da operação urbanística apenas no que concerne à

REPOSIÇÃO DA LEGALIDADE URBANÍSTICA

instrução do pedido, diferindo também (ou podendo diferir) quanto às normas materiais mobilizáveis. Admite, assim, o nº 5 do artigo 102º-A a dispensa do cumprimento de normas técnicas relativas à construção em vigor no momento da legalização (mobilizáveis por força do princípio do *tempus regit actum*) cujo cumprimento se tenha tornado impossível ou que não seja razoável exigir, desde que se verifique terem sido cumpridas as condições técnicas vigentes à data da realização da operação urbanística em questão, competindo ao requerente fazer a prova de tal data.[58]

---

[58] O nº 5 do artigo 102º-A refere-se a "normas técnicas de construção" e não às normas constantes dos planos em vigor, que fixam não regras técnicas de construção, mas regras de uso do solo, de ordenamento do território e regimes de edificabilidade. Fica, assim, em nosso entender, afastada a possibilidade de legalização em incumprimento das regras de planeamento em vigor no momento da legalização.

Julgamos que esta solução pode limitar grandemente a solução que se pretendia alcançar, na medida em que grande parte dos problemas que se colocam neste domínio prende-se, precisamente, com a legalização de operações que, sendo ilegais por terem sido realizadas sem os necessários procedimentos de controlo preventivo, cumpriam, à data da sua realização (mas já não cumprem atualmente), todas as regras materiais aplicáveis (ou regras de planos que entretanto foram alteradas passando a impedi-las ou regras distintas das de planeamento, por estas apenas terem entrado em vigor em momento posterior).

Ou seja, impede-se a legalização de operações que caso tivessem sido sujeitas a controlo preventivo à data da sua realização, teriam sido objeto de licenciamento.

Esta solução concretiza de forma restritiva a norma constante da 31/2014 (artigo 59º). Para o compreendermos, vejamos esta norma de forma mais pormenorizada.

Refira-se, desde logo, que a mesma suscitou dúvidas devido à expressão utilizada na parte final do seu nº 2 ["tenham lugar", que teria como sujeito as operações urbanísticas irregulares) em vez de "tenha lugar" (que teria como sujeito a regularização)] perguntava-se, de facto, se a regularização deve ser feita de acordo com as normas vigentes à data da execução das obras que se visam regularizar (servindo o nº 3 para permitir o não cumprimento de algumas das normas vigentes nessa altura, fechando-se os olhos a pequenas irregularidades) ou deve ocorrer de acordo com as normas em vigor à data da prática do ato de regularização (e o nº 3 do art. 59º vem permitir o não cumprimento de algumas dessas normas, nos termos aí expostos)?

A resposta a esta questão podia ser encontrada na redação que o artigo tinha no anteprojeto, segundo a qual: *"1 – A lei estabelece um procedimento específico para a regularização de operações urbanísticas realizadas sem o controlo prévio a que estavam sujeitas, sem prejuízo da responsabilidade civil, contraordenacional e penal a que haja lugar. 2 – A regularização das operações urbanísticas não dispensa o cumprimento dos planos e demais normas legais e regulamentares em vigor à data em que tenha lugar. 3 – Sem prejuízo do disposto no número anterior, a lei pode dispensar o cumprimento de requisitos de legalidade relativos à construção cujo cumprimento se tenha tornado impossível ou que não seja razoável exigir, desde que tenham sido cumpridos os requisitos da legalidade vigentes à data da realização da operação urbanística em questão."*

Trata-se de uma norma que pretende impedir o benefício do infrator na medida em que, se no momento da realização da operação tais regras não tiverem sido cumpridas, a legalização apenas pode ser deferida se a pretensão cumprir todas as normas vigentes no momento da legalização.

O presente normativo concede ainda base legal para a elaboração e aprovação de regulamentos municipais nesta matéria, os quais devem, designadamente, definir os procedimentos em função das operações urbanísticas e pormenorizar, sempre que possível, os aspetos que envolvam a formulação de valorações próprias do exercício da função administrativa, em especial os morfológicos e estéticos.[59]

Este normativo remetia para um regime, a ser criado por lei, que seria um regime misto por *conjugar as normas em vigor no momento da legalização* (nº 2) *com regras em vigor no momento da realização da operação urbanística* (o próprio legislador diria quais as normas atuais que não seriam cumpridas, desde que a obra tivesse cumprido os requisitos exigidos à data em que as operações foram realizadas (um forma de não beneficiar infratores), normas essas que podiam, até, ser as de planeamento, uma vez que não se fazia qualquer restrição.

Em todo o caso o nº 3 da atual redação do artigo 59º, com a expressão "sem prejuízo do disposto no nº anterior" aponta no sentido de que o nº 2 se refere ao *cumprimento das regras em vigor no momento da regularização*: a regra é o *tempus regit atum*, admitindo-se desvios desde que não sejam relativos à saúde e segurança das pessoas (por exemplo dispensando-se o cumprimento dos projetos das especialidade que têm a ver com o conforto, como térmicas e acústicas, mas exigindo-se sempre o cumprimento de requisitos relacionados, por exemplo, com a estabilidade do edifício). As normas de ordenamento, na medida em que não contendam com a segurança e a saúde pública, podem, assim, nos termos deste normativo, ser afastadas pelo legislador.

Sucede, porém, que na concretização desta norma, o artigo 102.-A apenas veio permitir que não se cumpra o principio do *tempus regit actum* em relação a normas técnicas de construção (consideramos que apenas as que não afetem a segurança e a saúde pública) e não já as de planeamento, que continuam a ter de ser cumpridas. O que significa que mantém pertinência a necessidade de os municípios ponderarem devidamente as situações de ilegalidade existentes no seu território e lhes darem o devido enquadramento nos respetivos instrumentos de planeamento municipal ou intermunicipal, como aliás vem sucedendo com alguma frequência nas revisões de planos diretores municipais em curso, permitindo assim esta legalização por a mesma cumprir o plano em vigor no momento em que ela ocorre. Como exemplo de uma norma deste tipo cfr. a título de exemplo, o artigo 48º do Plano Diretor Municipal de Pombal publicado na 2ª Série do Diário da Republica de 10 de abril de 2014.

[59] Esta norma legal vem claramente fornecer a base para um conjunto de regulamentos que os municípios há muito vinham elaborando ao abrigo da sua autonomia normativa. Em alguns desses regulamentos prevêm-se soluções que julgamos poderem ser aproveitados por outros. Assim, em alguns deles cria-se um único procedimento que atende ao facto de a operação já estar concretizada (na maior parte das vezes, não faz sentido distinguir-se licença de comunicação prévia) com a possibilidade de, no seu âmbito, se proceder à legalização de todas as operações envolvidas (por exemplo, no caso de edifícios ilegalmente erigidos e sem

A lei admite ainda a possibilidade de ocorrência de legalizações oficiosas exigindo o pagamento das taxas fixadas em regulamento municipal[60], mas apenas nas situações em que os interessados não promovam as diligências necessárias à legalização voluntária das operações urbanísticas e desde que estejam em causa obras que não impliquem a realização de cálculos de estabilidade, tendo por único efeito o reconhecimento de que as obras promovidas cumprem os parâmetros urbanísticos previstos nos instrumentos de gestão territorial aplicáveis e sendo efetuada, como todos os atos de gestão urbanística sob reserva de direitos de terceiros.[61]

---

autorização de utilização, permitindo-se a apreciação, num mesmo procedimento e a decisão num mesmo ato, da legalização das obras e da utilização ilegalmente levada a cabo). Nestas situações regulamentos municipais há que prevêm que este procedimento se inicie com um pedido de autorização de utilização, terminando com a emissão do respetivo alvará (ainda que no seu âmbito se apreciem também as obras ilegalmente realizadas).

Refira-se ainda que faz todo o sentido que o procedimento de legalização seja "montado" como um procedimento assente menos na apreciação de projetos e mais na avaliação das operações já efetuadas (através de vistorias técnicas ou peritagens).

Fundamental, quanto a nós, é que se faça menção expressa nos títulos de utilização dos edifícios legalizados que os mesmos foram sujeitos a um procedimento deste tipo, dando assim a conhecer aos consumidores (futuros compradores do imóvel) que o mesmo pode não fornecer as mesmas garantias de conforto e qualidade que um outro construído legalmente.

[60] Pagamento que seguirá o procedimento de execução fiscal do montante devido caso o requerente não o faça voluntariamente.

[61] Esta solução tem claramente na sua base a previsão constante do Código Regulamentar Município do Porto, que prevê uma legalização coerciva, mas apenas quando o único obstáculo à legalização seja de ordem formal (a ausência de impulso do interessado). Para maiores desenvolvimentos, cfr. Ana Leite, "Demolição *vs* Legalização, Não demolir, sem transigir – que solução?" in. *O Urbanismo, O Ordenamento do Território e os Tribunais,* (Coordenação Fernanda Paula Oliveira), Coimbra, Almedina, 2010, p. 461-476.

Alguma doutrina defende também a possibilidade, perante a inércia do interessado, do desencadeamento de procedimentos de legalização pela Administração, em situações em que haja razões ponderosas de interesse público que desaconselhem a demolição, ainda que tal apenas deva ser possível nas hipóteses em que em causa esteja um interesse público suficientemente forte que aponte para a não demolição de obras ilegais, designadamente a garantia, pelo menos a título precário e provisório, do direito à habitação. Neste sentido, cfr. Dulce Lopes, "Vias procedimentais em matéria de legalização e demolição: Quem, Como, Porquê? Anotação ao Acórdão do Supremo Tribunal Administrativo (3ª Subsecção do Contencioso Administrativo) de 2 de Fevereiro de 2005, Processo nº 0633/04", *Cadernos de Justiça Administrativa,* nº 65, 2007. Corroborando a necessidade de soluções flexíveis e ajustadas aos interesses a regular, cfr. António Pereira da Costa, "O tempo nas relações jurídicas", *Revista da Faculdade de Direito da Universidade do Porto,* Ano VI, 2009, p. 13-38.

7. Alterações pontuais dispersas

Neste último ponto faremos uma referência tópica a algumas alterações dispersas pelo diploma que, embora pontuais, merecem aqui registo.

– Ao longo do diploma existem vários normativos que integram ainda a categoria dos planos especiais de ordenamento do território como instrumentos de gestão territorial diretamente vinculativos dos particulares: veja-se apenas, a título de exemplo, o artigo 20º e o artigo 24º dos quais decorre que a conformidade da pretensão com este tipo de instrumentos de gestão territorial deve ser objeto de apreciação aquando da apreciação do projeto de arquitetura devendo o pedido ser indeferido quando ocorra esta desconformidade, prevendo-se ainda, em consonância, a nulidade da licença quando este plano é violado (artigo 68º). Ora esta referência aos planos especiais de ordenamento do território apenas faz sentido no pressuposto de os mesmos não terem ainda sido adaptados à nova tipologia de instrumentos previstos na LBPSOTU – onde estes perdem o carater vinculativo dos particulares e assumem a natureza de programas, sendo fixado um prazo máximo para esta conversão. Julgamos porém, que melhor teria sido o legislador ter passado a fazer uma referência genérica aos planos diretamente vinculativos dos particulares, o que passaria a abranger automaticamente os planos municipais e intermunicipais de ordenamento do território e, ainda os planos especiais ainda não convertidos em programas.

– O artigo 60º sofre um reajustamento no que concerne à garantia do existente no âmbito da reconfigurada comunicação prévia: é em sede de *fiscalização sucessiva* que não pode ser exigido o cumprimento de normas legais e regulamentares supervenientes à construção originária, desde que as obras a realizar não originem ou agravem a desconformidade com as normas em vigor ou tenham como resultado a melhoria das condições de segurança ou salubridade das edificações. Tal assim é por a comunicação prévia não ser agora, como referimos, um procedimento de controlo preventivo por parte da Administração.

– O nº 2 do artigo 70º refere-se à responsabilidade da Administração pela revogação, anulação ou declaração de nulidade das licenças ou autorizações de utilização quando estes atos tenham tido na sua base uma conduta ilícita dos titulares dos seus órgãos ou trabalhadores. Estando em causa atos que têm na sua origem comportamentos ilícitos/ilegais, deve estar fora deste grupo de situações a revogação propriamente dita de atos de gestão urbanística, na medida em que esta se traduz num ato administrativo através do qual a Administração faz cessar os efeitos de outro ato, por se entender que ele (já) não é conveniente para o interesse público, ou seja, (já) não é conveniente a manutenção desses efeitos tendo, por isso, por fundamento, a *inconveniência atual* para o interesse público da manutenção dos efeitos de um ato anterior e não a sua invalidade. Ainda no âmbito deste artigo 70º a responsabilidade é do município, mas prevê-se uma responsabilidade solidária: *a)* do titular do órgão administrativo singular que haja praticado os atos ao abrigo dos quais foram executadas ou desenvolvidas as operações urbanísticas sem que tivesse sido promovida a consulta de entidades externas ou em desrespeito do parecer, autorização ou aprovação emitidos, quando vinculativos; b) dos membros dos órgãos colegiais que tenham votado a favor dos referidos atos; *c)* dos trabalhadores que tenham prestado informação favorável à prática do ato de controlo prévio ilegal, em caso de dolo ou culpa grave; e *c)* dos membros da câmara municipal quando não promovam as medidas necessárias à reposição da legalidade, nos termos do disposto no nº 8 do artigo 35º, em caso de dolo ou culpa grave.

Prevê-se ainda uma obrigação de os titulares dos órgãos municipais desencadearem procedimentos disciplinares aos trabalhadores sempre que se verifique alguma das situações referidas no artigo 101º

- Determina agora o nº 5 do artigo 71º que as caducidades são declaradas com audiência prévia dos interessados "*verificadas as situações previstas no presente artigo*". O que parece indiciar que estando verificadas estas situações, a declaração de caducidade se apresenta como um ato vinculado,o que não deixa de ser um retrocesso em relação àquele que sempre foi o entendimento em relação às caducidades urbanísticas. Julgamos, porém, que o facto de se prever a audiência dos interessados como tramite prévio indispensável a esta declaração e o facto de algumas daquelas situações remeterem para um juízo próprio da Administração (*facto não imputável* ao interessado; paralização *sem motivo justificativo*) permite concluir que existe, ainda assim, uma margem de conformação por parte da Administração nessa declaração, pelo menos em certas situações e em certas circunstâncias.

- Prevê-se a possibilidade de revogação dos atos de gestão urbanística (licenças ou autorizações de utilização) não apenas nos termos gerais da revogação dos atos constitutivos de direitos, como ainda no caso de o interessado não realizar obras de reposição da legalidade previstas no nº 2 do artigo 105º no prazo estabelecido de acordo com o nº 1 deste mesmo normativo.

- Retira-se do âmbito das licenças especiais para a conclusão de obras inacabadas que tenham atingido um estado avançado de execução mas a licença ou a comunicação prévia haja caducado e não se mostre aconselhável a sua demolição por razões ambientais, urbanísticas ou económicas (artigo 88º), o que este regime tinha de mais interessante e que era a remissão para o previsto no artigo 60º, permitindo que a obra inacabada pudesse beneficiar da garantia do existente e, assim, ser objeto de nova licença mesmo que a obra não cumprisse todas as normas em vigor no momento da sua emissão, bastando que a tivesse cumprido na licença inicial. Sem esta possibilidade – que era o que conferia a esta licença o seu caráter especial – nem sempre será possível a emissão desta licença que permita concluir a obra, não se dando, assim, resposta, à exigência constante da Lei nº 31/2014 (parte final do nº 1 do artigo 59º) de criação de um regime especial para a finalização de operações urbanísticas inacabadas ou abandonadas pelos seus promotores. Julgamos, porém, que se lhes deve aplicar, no mínimo, o regime previsto para as legalizações que não devem ser tratadas mais favoravelmente do que operações que começaram a ser erigidas à luz de atos de controlo preventivo válidos.

– Procede-se à articulação necessária entre o RJUE e o regime do licenciamento zero e o Sistema de Indústria Responsável. Assim, e desde logo, determina-se no n.º 3 do artigo 8.º-A que no caso de instalação ou alteração de estabelecimentos abrangidos pelo Decreto-Lei n.º 48/2011, de 1 de abril, alterado pelo Decreto-Lei n.º 141/2012, de 11 de julho, ou pelo Decreto-Lei n.º 169/2012, de 1 de agosto, que envolvam operações urbanísticas sujeitas aos procedimentos previstos no artigo 4.º do presente decreto-lei, tais procedimentos, bem como os documentos necessários à sua instrução, podem ser iniciados através "Balcão do Empreendedor". Refira-se ainda o disposto no n.º 3 do artigo 63.º que visa garantir a articulação do regime da autorização de utilização ou sua alteração nas situações em que a sua obtenção se encontra diretamente relacionada com a instalação da atividade. A este propósito interessa não confundir o exercício da atividade económica (e, portanto, a instalação do estabelecimento) com as operações urbanísticas que por causa das mesmas tenham de ser realizadas, ainda que se admita a sua tramitação conjunta sempre que os procedimentos o permitam.

– No que concerne aos pedidos de informação prévia duas referências. Em primeiro lugar esclarece-se que o pedido de informação prévia qualificado a que se refere o n.º 2 do artigo 14.º não é apenas mobilizável nas situações de áreas não abrangidas por plano de pormenor e alvará de loteamento, podendo também ser utilizado quando estes instrumentos estejam em vigor, solução que já vínhamos defendendo ainda que reconhecendo que este tipo de informação prévia qualificada faz menos sentido nestas situações, por os parâmetros em relação aos quais se pretende obter informação por intermédio do pedido de informação prévia constarem já destes instrumentos.[62]
Em segundo lugar determina-se que o pedido de informação pode incidir, a pedido do interessado, sobre o projeto de arquitetura e

---

[62] Defendendo esta solução vide Fernanda Paula Oliveira, Maria José Castanheira Neves, Dulce Lopes e Fernanda Maçãs *Regime Jurídico da Urbanização e Edificação, cit.*, p. 250

ALTERAÇÕES PONTUAIS DISPERSAS

memória descritiva [artigo 14º, nº 2 alínea *b)*]. Julgamos que não se pretende com isto afirmar que nestes casos o PIP tem de vir acompanhado deste projeto, o que seria aliás contraditório com uma das finalidades deste procedimento prévio na medida em que com ele se pretende precisamente poupar tempo e dinheiro ao interessado que não terá de mandar elaborar o projeto de arquitetura sem ter a certeza da viabilidade de o mesmo vir a ser aprovado. Sucede porém que a informação prévia sobre o projeto de arquitetura a apresentar em momento posterior já era (e é possível) na medida em que a pronuncia sobre os aspetos a que se referem as alíneas *a)*, *c)* e *d)* nº 2 deste artigo, correspondem, afinal, a uma pronúncia antecipada sobre o projeto de arquitetura a apresentar.
A única situação em que se pode justificar a entrega do projeto de arquitetura em sede de informação prévia é a das operações sujeitas a comunicação prévia, já que esta pode ser uma forma de se autonomizar um momento de aprovação do projeto de arquitetura, podendo depois o interessado avançar para as fases subsequentes com a certeza que a comunicação prévia por si só pode não lhe dar (já que obriga à entrega de todos so elementos como se fosse construir a obra)

– O Decreto-Lei nº 136/2014 procede, ainda, no seu artigo 4º, a três alterações pontuais ao Decreto-Lei nº 307/2009 que aprovou o Regime Jurídico da Reabilitação Urbana (concretamente em três normas que resultaram do Decreto-Lei nº 32/2012, que alterou aquele regime). São alterações que se prendem exclusivamente com a instrução dos procedimentos e com o conteúdo e os autores dos termos de responsabilidade. E procede ainda à revogação das normas que se referem à comunicação prévia quando a área é abrangida por plano de pormenor de reabilitação urbana (cfr. nº 2 do artigo 9. Do Decreto-Lei nº 136/2014). Em causa está uma comunicação prévia mais simples que a comunicação prévia normal, pelo que a revogação deste regime especial não pode deixar de significar que a configuração da comunicação prévia no âmbito da reabilitação urbana passa a ser a da comunicação prévia adotada no RJUE)[63]

---

[63] De facto, se se revoga o regime especial (que determina, por exemplo, que o prazo da admissão é de 15 e não de 20 dias) tal significaria uma remissão para o regime normal, mas

Curiosamente, não houve o cuidado de se proceder a uma alteração cuidada do diploma da reabilitação urbana pelo que o mesmo encontra-se pejado de artigos que se referem expressamente às admissões e às rejeições de comunicação prévias, o que não deixa de ser fator de incerteza e de dúvida quanto à verdadeira intenção do legislador. A nosso ver trata-se apenas de uma falta de cuidado deste, o que não pode deixar de ser criticado.

como este foi alterado (pois a comunicação prévia já não é admitida nem rejeitada), então a configuração da comunicação prévia no âmbito da reabilitação urbana tem de ser equivalente à sua configuração no RJUE. Nem podia ser de outra forma tendo em conta que sempre se pretendeu que naquele domínio as comunicações prévias fossem mais simples que as do regime normal, pelo que não poderiam manter-se com uma configuração que as tornaria mais complexas.

Decreto-Lei nº 136/2014 de 09-09-2014

O Decreto-Lei nº 555/99, de 16 de dezembro, que estabelece o regime jurídico da urbanização e edificação (RJUE), tem sofrido alterações significativas com o propósito de promover uma simplificação legislativa e de reduzir os tempos inerentes aos processos de licenciamento, redesenhando, assim, um processo administrativo complexo e nem sempre percetível para o cidadão e para as empresas.

As sucessivas alterações introduzidas àquele regime procuraram obter o necessário equilíbrio entre a diminuição da intensidade do controlo prévio e o aumento da responsabilidade do particular, adotando um novo padrão de controlo prévio das atividades, assente no princípio da confiança nos intervenientes e limitando as situações que devem ser objeto de análise e controlo pela Administração, retirando dela todas as verificações que, atentos os valores e interesses urbanísticos a salvaguardar, não se revelaram justificadas.

Neste contexto, o presente decreto-lei vem reforçar o esforço de simplificação e de aproximação ao cidadão e às empresas, introduzindo alterações, em particular, em alguns aspetos do procedimento de controlo prévio das operações urbanísticas.

O princípio da simplificação administrativa constitui um corolário dos princípios constitucionais da desburocratização e da eficácia na organização e funcionamento da Administração Pública, assim como uma das formas de concretização de um modelo de melhoria da prestação e gestão dos serviços públicos orientado pela economicidade, eficiência e eficácia. A diminuição dos custos administrativos constitui, ainda, um fator de competitividade económica dos Estados, das empresas e dos cidadãos em geral.

Nesta medida, o presente decreto-lei vem simplificar o controlo de operações urbanísticas efetuado mediante o procedimento de comunicação prévia com prazo, a qual, quando corretamente instruída, dispensa a prática de atos permissivos.

MAIS UMA ALTERAÇÃO AO REGIME JURÍDICO DA URBANIZAÇÃO E DA EDIFICAÇÃO

Assim, quando as condições de realização da operação urbanística se encontrem suficientemente definidas, a apresentação de comunicação permite ao interessado proceder à realização de determinadas operações urbanísticas imediatamente após o pagamento das taxas devidas.

Trata-se de situações em que a salvaguarda dos interesses públicos a elas correspondentes se alcança pela via de um controlo prévio de natureza meramente formal, nomeadamente nas situações em que as operações se encontram já enquadradas por atos de licenciamento de loteamento ou de informação prévia.

Concretiza-se assim, o princípio consagrado na Lei nº 31/2014, de 30 de maio, segundo o qual a realização de operações urbanísticas depende, em regra, de controlo prévio vinculado à salvaguarda dos interesses públicos em presença e à definição estável e inequívoca da situação jurídica dos interessados.

Concomitantemente, a esse esforço de simplificação, associa-se o correspondente reforço da responsabilização dos intervenientes nas operações urbanísticas, por um lado, assim como das medidas de tutela da legalidade urbanística, por outro.

Por outro lado, o presente decreto-lei permite, de forma inovadora, a participação do próprio interessado nas conferências decisórias quando existam pareceres negativos das entidades consultadas, contribuindo, assim, para a maior transparência do processo de licenciamento e, consequentemente, para a aproximação dos cidadãos e da Administração.

O presente decreto-lei procede, ainda, à revisão do conceito de reconstrução, passando este a corresponder às obras de construção subsequentes à demolição, total ou parcial, de uma edificação existente, das quais resulte a reconstituição da estrutura das fachadas, contribuindo, assim, para a clarificação do regime de controlo a que estão sujeitas estas operações, incentivando, por essa via, a reabilitação e a regeneração como fatores de revitalização económica, social e cultural e de reforço da coesão territorial.

Este é mais um passo para a simplificação e desburocratização administrativa, bem como para a redução de custos de contexto.

As alterações agora introduzidas ao RJUE justificam a revisão de alguns regimes que para ele remetem, a qual será promovida oportunamente.

O presente decreto-lei contempla, também, nuns casos, o reforço e, noutros, a criação de mecanismos de regularização de operações urbanísticas. Tais medidas permitem que sejam ponderados os interesses em presença, bem como o impacte negativo dessas situações irregulares para o interesse público e ambiental, em razão do qual poderá a Administração, em certas circunstâncias, proceder à respetiva regularização.

Foram ouvidos os órgãos de governo próprios das Regiões Autónomas e a Associação Nacional de Municípios Portugueses.

DECRETO-LEI Nº 136/2014 DE 09-09-2014

Assim:

No desenvolvimento do regime jurídico estabelecido pela Lei nº 31/2014, de 30 de maio, e nos termos da alínea *c)* do nº 1 do artigo 198º da Constituição, o Governo decreta o seguinte:

ARTIGO 1º
Objeto

O presente decreto-lei procede à décima terceira alteração ao Decreto-Lei nº 55/99, de 16 de dezembro, que estabelece o regime jurídico da urbanização e edificação (RJUE), bem como à segunda alteração ao Decreto-Lei nº 307/2009, de 23 de outubro, e à primeira alteração ao Decreto-Lei nº 163/2006, de 8 de agosto.

ARTIGO 2º
Alteração ao Decreto-Lei nº 555/99, de 16 de dezembro

Os artigos 2º, 3º, 4º, 6º, 7º, 8º, 8º-A, 9º, 10º, 11º, 12º-A, 13º, 13º-A, 13º-B, 14º, 15º, 16º, 17º, 20º, 21º, 24º, 27º, 34º, 35º, 41º, 42º, 43º, 44º, 45º, 48º, 48º-A, 49º, 52º, 53º, 54º, 56º, 57º, 58º, 60º, 62º, 63º, 64º, 67º, 68º, 69º, 70º, 71º, 73º, 74º, 76º, 77º, 79º, 80º, 82º, 84º, 85º, 88º, 93º, 97º, 98º, 99º, 102º, 103º, 110º, 116º, 119º, 120º e 121º do Decreto-Lei nº 555/99, de 16 de dezembro, passam a ter a seguinte redação:

ARTIGO 2º
[...]

[...]:

a) [...];

b) [...];

c) "Obras de reconstrução", as obras de construção subsequentes à demolição, total ou parcial, de uma edificação existente, das quais resulte a reconstituição da estrutura das fachadas;

d) "Obras de alteração", as obras de que resulte a modificação das características físicas de uma edificação existente, ou sua fração, designadamente a respetiva estrutura resistente, o número de fogos ou divisões interiores, ou a natureza e cor dos materiais de revestimento exterior, sem aumento da área total de construção, da área de implantação ou da altura da fachada;

e) "Obras de ampliação", as obras de que resulte o aumento da área de implantação, da área total de construção, da altura da fachada ou do volume de uma edificação existente;

f) [...];

g) [...];

h) [...];

i) [...];
j) [...];
l) *[Anterior alínea m)]*;
m) *[Anterior alínea l)]*;
n) *(Revogada)*;
o) [...].

ARTIGO 3º
[...]

1 – [...].

2 – Os regulamentos previstos no número anterior devem ter como objetivo a concretização e execução do presente diploma, designadamente:

a) Concretizar quais as obras de escassa relevância urbanística para efeitos de delimitação das situações isentas de controlo prévio;

b) Pormenorizar, sempre que possível, os aspetos que envolvam a formulação de valorações próprias do exercício da função administrativa, em especial os aspetos morfológicos e estéticos a que devem obedecer os projetos de urbanização e edificação, assim como as condições exigíveis para avaliar a idoneidade da utilização dos edifícios e suas frações;

c) Disciplinar os aspetos relativos ao projeto, execução, receção e conservação das obras e serviços de urbanização, podendo, em particular, estabelecer normas para o controlo da qualidade da execução e fixar critérios morfológicos e estéticos a que os projetos devam conformar-se;

d) Disciplinar os aspetos relativos à segurança, funcionalidade, economia, harmonia e equilíbrio socioambiental, estética, qualidade, conservação e utilização dos edifícios, suas frações e demais construções e instalações;

e) Fixar os critérios e trâmites do reconhecimento de que as edificações construídas se conformam com as regras em vigor à data da sua construção, assim como do licenciamento ou comunicação prévia de obras de reconstrução ou de alteração das edificações para efeitos da aplicação do regime da garantia das edificações existentes;

f) Fixar os montantes das taxas a cobrar;

g) Indicar a instituição e o número da conta bancária do município onde é possível efetuar o depósito dos montantes das taxas devidas, identificando o órgão à ordem do qual é efetuado o pagamento;

h) Condições a observar na execução de operações urbanísticas objeto de comunicação prévia; *i)* Determinar quais os atos e operações que devem estar submetidos a discussão pública, designadamente, concretizar as operações de loteamento com significativa relevância urbanística e definir os termos do procedimento da sua discussão;

DECRETO-LEI Nº 136/2014 DE 09-09-2014

j) Regular outros aspetos relativos à urbanização e edificação cuja disciplina não esteja reservada por lei a instrumentos de gestão territorial.

3 – [...].

4 – [...].

ARTIGO 4º
[...]

1 – A realização de operações urbanísticas depende de licença, comunicação prévia com prazo, adiante designada abreviadamente por comunicação prévia ou comunicação, ou autorização de utilização, nos termos e com as exceções constantes da presente secção.

2 – [...]:

a) [...];

b) [...];

c) As obras de construção, de alteração ou de ampliação em área não abrangida por operação de loteamento ou por plano de pormenor;

d) As obras de conservação, reconstrução, ampliação, alteração ou demolição de imóveis classificados ou em vias de classificação, bem como de imóveis integrados em conjuntos ou sítios classificados ou em vias de classificação, e as obras de construção, reconstrução, ampliação, alteração exterior ou demolição de imóveis situados em zonas de proteção de imóveis classificados ou em vias de classificação;

e) Obras de reconstrução das quais resulte um aumento da altura da fachada ou do número de pisos;

f) [...];

g) [...];

h) As obras de construção, reconstrução, ampliação, alteração ou demolição de imóveis em áreas sujeitas a servidão administrativa ou restrição de utilidade pública, sem prejuízo do disposto em legislação especial;

i) As demais operações urbanísticas que não estejam sujeitas a comunicação prévia ou isentas de controlo prévio, nos termos do presente diploma.

3 – [...].

4 – [...]:

As obras de reconstrução das quais não resulte um aumento da altura da fachada ou do número de pisos;

b) [...];

c) As obras de construção, de alteração ou de ampliação em área abrangida por operação de loteamento ou plano de pormenor;

d) As obras de construção, de alteração ou de ampliação em zona urbana consolidada que respeitem os planos municipais ou intermunicipais e das quais não resulte edificação com cércea superior à altura mais frequente das fachadas da frente edificada do lado do arruamento onde se integra a nova edificação, no troço de rua compreendido entre as duas transversais mais próximas, para um e para outro lado;

e) [Anterior alínea f)];

f) As operações urbanísticas precedidas de informação prévia favorável, nos termos dos nºs 2 e 3 do artigo 14º;

g) (Revogada);

h) (Revogada).

5 – [...].

6 – Nas operações urbanísticas sujeitas a comunicação prévia pode o interessado, no requerimento inicial, optar pelo regime de licenciamento.

ARTIGO 6º
[...]

1 – [...].
2 – [...].
3 – [...].
4 – [...].
5 – [...].
6 – [...].
7 – [...].

8 – O disposto no presente artigo não isenta a realização das operações urbanísticas nele previstas da observância das normas legais e regulamentares aplicáveis, designadamente as constantes de planos municipais, intermunicipais ou especiais de ordenamento do território, de servidões ou restrições de utilidade pública, as normas técnicas de construção, as de proteção do património cultural imóvel, e a obrigação de comunicação prévia nos termos do artigo 24º do Decreto-Lei nº 73/2009, de 31 de março, que estabelece o regime jurídico da Reserva Agrícola Nacional.

9 – [...].
10 – [...].

ARTIGO 7º
[...]

1 – [...]:

a) As operações urbanísticas promovidas pelas autarquias locais e suas associações em área abrangida por plano municipal ou intermunicipal de ordenamento do território;

b) [...];

DECRETO-LEI Nº 136/2014 DE 09-09-2014

c) [...];
d) [...];
e) [...];
f) As operações urbanísticas promovidas por empresas públicas relativamente a parques empresariais e similares, nomeadamente zonas empresariais responsáveis (ZER), zonas industriais e de logística.

2 – [...].

3 – As operações de loteamento e as obras de urbanização promovidas pelas autarquias locais e suas associações em área não abrangida por plano municipal ou intermunicipal de ordenamento do território devem ser previamente autorizadas pela assembleia municipal, depois de submetidas a parecer prévio não vinculativo da Comissão de Coordenação e Desenvolvimento Regional (CCDR), a qual deve pronunciar-se no prazo de 20 dias a contar da receção do respetivo pedido.

4 – [...].

5 – As operações de loteamento e as obras de urbanização promovidas pelas autarquias locais e suas associações ou pelo Estado, em área não abrangida por plano de urbanização ou plano de pormenor, são submetidas a discussão pública, nos termos estabelecidos no regime jurídico dos instrumentos de gestão territorial, com as necessárias adaptações, exceto no que se refere aos períodos de anúncio e de duração da discussão pública que são, respetivamente, de 8 e de 15 dias.

6 – [...].

7 – À realização das operações urbanísticas previstas no presente artigo aplica-se o disposto no presente diploma no que se refere ao termo de responsabilidade, à publicitação do início e do fim das operações urbanísticas e ao pagamento de taxas urbanísticas, o qual deve ser realizado por autoliquidação antes do início da obra, nos termos previstos nos regulamentos municipais referidos no artigo 3º.

8 – As operações urbanísticas previstas no presente artigo só podem iniciar-se depois de emitidos os pareceres ou autorizações referidos no presente artigo ou após o decurso dos prazos fixados para a respetiva emissão.

9 – Até cinco dias antes do início das obras que estejam isentas de controlo prévio, nos termos do presente artigo, o interessado deve notificar a câmara municipal dessa intenção, comunicando também a identidade da pessoa, singular ou coletiva, encarregada da execução dos mesmos, para efeitos de eventual fiscalização e de operações de gestão de resíduos de construção e demolição.

ARTIGO 8º
[...]

1 – [...].
2 – [...].
3 – [...].

MAIS UMA ALTERAÇÃO AO REGIME JURÍDICO DA URBANIZAÇÃO E DA EDIFICAÇÃO

4 – O comprovativo eletrónico de apresentação do requerimento de licenciamento, informação prévia ou comunicação prévia contém a identificação do gestor do procedimento, bem como a indicação do local, do horário e da forma pelo qual pode ser contactado.

5 – [...].

ARTIGO 8º-A
Tramitação do procedimento através de sistema eletrónico

1 – A tramitação dos procedimentos previstos no presente diploma é realizada informaticamente através de plataforma eletrónica, nos termos a regulamentar em portaria dos membros do Governo responsáveis pelas áreas da modernização administrativa, das autarquias locais e do ordenamento do território.

2 – A tramitação dos procedimentos previstos no presente diploma na plataforma eletrónica referida no número anterior permite, nos termos a fixar na portaria aí referida, nomeadamente:

a) [Anterior alínea a) do nº 1];

b) [Anterior alínea b) do nº 1];

c) [Anterior alínea c) do nº 1];

d) A obtenção de comprovativos automáticos de submissão de requerimentos e comunicações e de ocorrência de deferimento tácito, quando decorridos os respetivos prazos legais;

e) A disponibilização de informação relativa aos procedimentos de comunicação prévia para efeitos de registo predial e matricial.

3 – No caso de instalação ou alteração de estabelecimentos abrangidos pelo Decreto-Lei nº 48/2011, de 1 de abril, alterado pelo Decreto-Lei nº 141/2012, de 11 de julho, ou pelo Decreto-Lei nº 169/2012, de 1 de agosto, que envolvam operações urbanísticas sujeitas aos procedimentos previstos no artigo 4º do presente decreto-lei, tais procedimentos, bem como os documentos necessários à sua instrução, podem ser iniciados através do balcão eletrónico previsto nos referidos diplomas, adiante designado por «Balcão do Empreendedor».

4 – A integração da plataforma eletrónica referida no nº 1 com o balcão único eletrónico dos serviços a que se referem os artigos 5º e 6º do Decreto-Lei nº 92/2010, de 26 de julho, com o «Balcão do Empreendedor» e com todas as entidades externas com competências para intervir e se pronunciar no âmbito dos procedimentos regulados pelo presente diploma é regulada por portaria dos membros do Governo responsáveis pelas áreas da economia, da administração local, da modernização administrativa e do ordenamento do território, tendo em conta, na interoperabilidade com sistemas externos às integrações já presentes no SIRJUE, as plataformas já existentes na Administração Pública, nomeada-

DECRETO-LEI Nº 136/2014 DE 09-09-2014

mente a plataforma de interoperabilidade da administração pública e o previsto no regulamento nacional da interoperabilidade digital.

5 – A apresentação de requerimentos deve assegurar que o acesso à plataforma pelos seus utilizadores é feito mediante mecanismos de autenticação proporcional às operações em causa, havendo lugar a autenticação nos termos definidos na portaria referida no número anterior.

6 – Nas situações de inexistência ou indisponibilidade do sistema informático, os procedimentos podem decorrer com recurso a outros suportes digitais, ou com recurso ao papel.

7 – Nos casos previstos no número anterior, o processo administrativo ou os seus elementos entregues através de outros suportes digitais ou em papel são obrigatoriamente integrados no sistema informático pelos serviços requeridos, após a cessação da situação de inexistência ou indisponibilidade do sistema informático.

ARTIGO 9º
[...]

1 – [...].
2 – [...].
3 – [...].
4 – [...].
5 – [...].
6 – Com a apresentação de requerimento ou comunicação, ou nas situações referidas no nº 6 do artigo anterior, quando cesse a inexistência ou indisponibilidade, é emitido comprovativo eletrónico.

7 – No requerimento inicial pode o interessado solicitar a indicação das entidades que, nos termos da lei, devam emitir parecer, autorização ou aprovação relativamente ao pedido apresentado, sendo-lhe prestada tal informação no prazo de 15 dias, através do sistema informático a que se refere o artigo anterior, sem prejuízo do disposto no artigo 121º

8 – O disposto no número anterior não se aplica nos casos de rejeição liminar do pedido, nos termos do disposto no artigo 11º

9 – *(Anterior nº 8)*.
10 – *(Anterior nº 9)*.
11 – *(Anterior nº 10)*.

ARTIGO 10º
[...]

1 – [...].
2 – Das declarações mencionadas no número anterior deve, ainda, constar referência à conformidade do projeto com os planos municipais ou intermu-

nicipais de ordenamento do território aplicáveis à pretensão, bem como com a licença de loteamento, quando exista.

3 – [...].

4 – [...].

5 – [...].

6 – Sempre que forem detetadas irregularidades nos termos de responsabilidade, no que respeita às normas legais e regulamentares aplicáveis e à conformidade do projeto com os planos municipais ou intermunicipais de ordenamento do território ou licença de loteamento, quando exista, devem as mesmas ser comunicadas à associação pública de natureza profissional onde o técnico está inscrito ou ao organismo público legalmente reconhecido no caso dos técnicos cuja atividade não esteja abrangida por associação pública.

ARTIGO 11º
[...]

1 – [...].

2 – No prazo de oito dias a contar da apresentação do requerimento, o presidente da câmara municipal profere despacho:

a) De aperfeiçoamento do pedido, sempre que o requerimento não contenha a identificação do requerente, do pedido ou da localização da operação urbanística a realizar, bem como no caso de faltar documento instrutório exigível que seja indispensável ao conhecimento da pretensão e cuja falta não possa ser oficiosamente suprida;

b) De rejeição liminar, oficiosamente ou por indicação do gestor do procedimento, quando da análise dos elementos instrutórios resultar que o pedido é manifestamente contrário às normas legais ou regulamentares aplicáveis;

c) De extinção do procedimento, nos casos em que a operação urbanística em causa está isenta de controlo prévio ou sujeita a comunicação prévia exceto se o interessado estiver a exercer a faculdade prevista no nº 6 do artigo 4º

3 – No caso previsto na alínea *a)* do número anterior, o requerente é notificado, por uma única vez, para no prazo de 15 dias corrigir ou completar o pedido, ficando suspensos os termos ulteriores do procedimento, sob pena de rejeição liminar.

4 - *(Revogado)*.

5 – Não ocorrendo rejeição liminar ou convite para corrigir ou completar o pedido ou comunicação, no prazo previsto no nº 2, presume-se que o requerimento ou comunicação se encontram corretamente instruídos.

6 – [...].

7 – [...].

8 – [...].

DECRETO-LEI Nº 136/2014 DE 09-09-2014

9 – [...].

10 – O presidente da câmara municipal pode delegar nos vereadores, com faculdade de subdelegação, ou nos dirigentes dos serviços municipais, as competências referidas nos nºs 1, 2 e 7.

11 – *(Revogado)*.

ARTIGO 12º-A
[...]

Nas áreas a abranger por novas regras urbanísticas constantes de instrumento de gestão territorial diretamente vinculativo dos particulares ou sua revisão, aplica-se o disposto no regime jurídico dos instrumentos de gestão territorial em matéria de suspensão de procedimentos.

ARTIGO 13º
Disposições gerais sobre a consulta a entidades externas

1 – A consulta às entidades que, nos termos da lei, devam emitir parecer, autorização ou aprovação sobre o pedido, que não respeitem a aspetos relacionados com a localização, é promovida pelo gestor do procedimento, e é efetuada em simultâneo, através da plataforma eletrónica referida no nº 1 do artigo 8º-A.

2 – É dispensada a consulta a entidades externas em procedimentos relativos a operações urbanísticas que já tenham sido objeto de apreciação favorável no âmbito do procedimento de informação prévia, de aprovação de operações de loteamento urbano ou de aprovação de planos de pormenor, com exceção dos planos de salvaguarda que estabeleçam a necessidade dessa consulta.

3 – *(Anterior nº 2)*.

4 – *(Anterior nº 3)*.

5 – *(Anterior nº 4)*.

6 – *(Anterior nº 5)*.

7 – Os pareceres das entidades exteriores ao município só têm caráter vinculativo quando tal resulte da lei, desde que se fundamentem em condicionamentos legais ou regulamentares e sejam recebidos dentro do prazo previsto no nº 5.

8 – Constam de diploma próprio os projetos, estudos e certificações técnicas que carecem de consulta, de aprovação ou de parecer, interno ou externo, bem como as condições a que deve obedecer a sua elaboração.

9 – Os projetos de arquitetura e os de especialidades, bem como os pedidos de autorização de utilização, quando acompanhados por termo de responsabilidade subscrito por técnico autor de projeto legalmente habilitado nos termos da lei da qualificação profissional exigível aos técnicos responsáveis pela elaboração e subscrição de projetos, fiscalização de obra e direção de obra que ateste o

cumprimento das normas legais e regulamentares aplicáveis, incluindo a menção a plano municipal ou intermunicipal de ordenamento do território em vigor ou licença de loteamento, ficam dispensados da apresentação na câmara municipal de consultas, certificações, aprovações ou pareceres externos, sem prejuízo da necessidade da sua obtenção quando legalmente prevista.

10 – *(Anterior nº 9).*

11 – O disposto no número anterior não se aplica às especialidades de eletricidade e de gás que são reguladas por legislação especial que assegure a segurança das instalações.

12 – No termo do prazo fixado para a promoção das consultas, o interessado pode solicitar a passagem de certidão dessa promoção, a qual é emitida pela câmara municipal no prazo de oito dias e, se esta for negativa, promover diretamente as consultas que não hajam sido realizadas, nos termos do artigo 13º-B, ou pedir ao tribunal administrativo que intime a câmara municipal, nos termos do artigo 112º

13 – Para efeitos do número anterior, e nos termos a regulamentar na portaria a que se refere o nº 4 do artigo 8º-A, o interessado pode:

a) Obter comprovativo eletrónico da promoção ou não promoção da consulta das entidades externas pela câmara municipal;

b) Promover diretamente a consulta das entidades externas.

ARTIGO 13º-A
Parecer, aprovação ou autorização em razão da localização

1 – [...].

2 – [...].

3 – As entidades consultadas devem pronunciar-se no prazo de 20 dias, sendo este prazo imperativo.

4 – *(Revogado).*

5 – Os prazos referidos nos números anteriores suspendem-se, por uma única vez, nas seguintes situações:

a) Quando as entidades consultadas verificarem que existem omissões ou irregularidades no requerimento e nos elementos instrutórios cuja junção é obrigatória e requererem à CCDR, no prazo de 8 dias, que convide o requerente a supri-las, no prazo de 15 dias, retomando o seu curso com a receção pela entidade consultada dos elementos adicionais solicitados ou com o indeferimento do requerimento de aperfeiçoamento pela CCDR;

b) Quando as entidades consultadas estejam, por força de compromissos assumidos no âmbito de tratados internacionais, ou de obrigação decorrente da legislação comunitária, sujeitas à obtenção de parecer prévio de entidade sediada fora do território nacional, devendo essa circunstância ser comunicada à CCDR e não podendo a suspensão ter uma duração superior a 20 dias.

6 – *(Anterior nº 5)*.

7 – Caso existam pareceres negativos das entidades consultadas, a CCDR promove uma reunião, preferencialmente por videoconferência, a realizar no prazo de 10 dias a contar do último parecer recebido dentro do prazo fixado nos termos do nº 4, com todas as entidades e com o requerente, tendo em vista obter uma solução concertada que permita ultrapassar as objeções formuladas, e toma decisão final vinculativa no prazo de 10 dias.

8 – *(Anterior nº 7)*.

9 – *(Anterior nº 8)*.

10 – *(Anterior nº 9)*.

11 – *(Anterior nº 10)*.

12 – *(Anterior nº 11)*.

13 – A CCDR comunica ao município a decisão da conferência decisória no prazo de cinco dias após a sua realização.

14 – Caso a CCDR não cumpra o prazo previsto no número anterior, considera-se que as consultas tiveram um sentido favorável.

ARTIGO 13º-B
[...]

1 – Sem prejuízo do disposto no número seguinte, o interessado na consulta a entidades externas pode solicitar previamente os pareceres, autorizações ou aprovações legalmente exigidos junto das entidades competentes, entregando-os com o requerimento inicial, caso em que não há lugar a nova consulta desde que, até à data da apresentação de tal pedido ou comunicação na câmara municipal, não haja decorrido mais de dois anos desde a emissão dos pareceres, autorizações ou aprovações emitidos ou desde que, caso tenha sido esgotado este prazo, não se tenham verificado alterações dos pressupostos de facto ou de direito em que os mesmos se basearam.

2 – As comunicações prévias de operações urbanísticas são sempre precedidas das consultas às entidades externas a que haja lugar.

3 – Para os efeitos dos números anteriores, na falta de pronúncia da entidade consultada no prazo legal, o requerimento inicial ou a comunicação prévia podem ser instruídos com prova da solicitação das consultas e declaração do requerente ou comunicante de que os mesmos não foram emitidos dentro daquele prazo.

4 – Nos procedimentos de controlo prévio, com exceção das comunicações prévias, não tendo o interessado promovido todas as consultas necessárias, o gestor do procedimento promove as consultas a que haja lugar, de acordo com o previsto no artigo 13º

MAIS UMA ALTERAÇÃO AO REGIME JURÍDICO DA URBANIZAÇÃO E DA EDIFICAÇÃO

5 – A utilização da plataforma eletrónica referida no nº 1 do artigo 8º-A pelo interessado para os efeitos previstos no nº 1 faz-se em termos a regulamentar na portaria a que se refere o mesmo número.

ARTIGO 14º
[...]

1 – [...].
2 – O interessado pode, em qualquer circunstância, designadamente quando o pedido respeite a operação de loteamento em área não abrangida por plano de pormenor, ou a obra de construção, ampliação ou alteração em área não abrangida por plano de pormenor ou operação de loteamento, requerer que a informação prévia contemple especificamente os seguintes aspetos, em função da informação pretendida e dos elementos apresentados:
   a) [...];
   b) Projeto de arquitetura e memória descritiva;
   c) Programa de utilização das edificações, incluindo a área total de construção a afetar aos diversos usos e o número de fogos e outras unidades de utilização, com identificação das áreas acessórias, técnicas e de serviço;
   d) [...];
   e) [...];
   f) [...].
3 – [...].
4 – [...].

ARTIGO 15º
[...]

1 – No âmbito do procedimento de informação prévia há lugar a consultas externas, nos termos dos artigos 13º a 13º-B, às entidades cujos pareceres, autorizações ou aprovações condicionem, nos termos da lei, a informação a prestar, sempre que tal consulta seja exigível num eventual pedido de licenciamento ou com a apresentação de comunicação prévia.
2 – [...].

ARTIGO 16º
[...]

1 – [...].
2 – [...].
3 – [...].
4 – No caso de a informação ser desfavorável, dela deve constar a indicação dos termos em que a mesma, sempre que possível, pode ser revista por forma a

DECRETO-LEI Nº 136/2014 DE 09-09-2014

serem cumpridas as prescrições urbanísticas aplicáveis, designadamente as constantes de plano municipal ou intermunicipal de ordenamento do território ou de operação de loteamento.

ARTIGO 17º
[...]

1 – A informação prévia favorável vincula as entidades competentes na decisão sobre um eventual pedido de licenciamento e no controlo sucessivo de operações urbanísticas sujeitas a comunicação prévia.

2 – Quando seja proferida nos termos dos nºs 2 e 3 do artigo 14º, ou respeite a área sujeita a plano de pormenor ou a operação de loteamento, tem por efeito a sujeição da operação urbanística em causa ao regime da comunicação prévia, a efetuar nos exatos termos em que foi apreciada, e dispensa a realização de novas consultas externas.

3 – O pedido de licenciamento ou a apresentação de comunicação prévia a que se refere o número anterior deve ser efetuado no prazo de um ano após a decisão favorável do pedido de informação prévia e é sempre acompanhado de declaração dos autores e coordenador dos projetos de que aquela respeita os limites constantes da informação prévia favorável.

4 – *(Anterior nº 3).*

5 – Não se suspendem os procedimentos de licenciamento ou comunicação prévia requeridos ou apresentados com suporte em informação prévia nas áreas a abranger por novas regras urbanísticas, constantes de plano municipal, intermunicipal ou especial de ordenamento do território ou sua revisão, a partir da data fixada para o início da discussão pública e até à data da entrada em vigor daquele instrumento.

ARTIGO 20º
[...]

1 – A apreciação do projeto de arquitetura, no caso de pedido de licenciamento relativo a obras previstas nas alíneas *c)* a *f)* do nº 2 do artigo 4º, incide sobre a sua conformidade com planos municipais ou intermunicipais de ordenamento no território, planos especiais de ordenamento do território, medidas preventivas, área de desenvolvimento urbano prioritário, área de construção prioritária, servidões administrativas, restrições de utilidade pública e quaisquer outras normas legais e regulamentares relativas ao aspeto exterior e a inserção urbana e paisagística das edificações, bem como sobre o uso proposto.

2 – [...].

3 – [...].

4 – [...].
5 – [...].
6 – [...].
7 – [...].
8 – As declarações de responsabilidade dos autores dos projetos de arquitetura, no que respeita aos aspetos interiores das edificações, bem como dos autores dos projetos das especialidades e de outros estudos nos termos do nº 4 do artigo 10º, constituem garantia bastante do cumprimento das normas legais e regulamentares aplicáveis, excluindo a sua apreciação prévia, salvo quando as declarações sejam formuladas nos termos do nº 5 do artigo 10º

ARTIGO 21º
[...]

A apreciação dos projetos de loteamento, obras de urbanização e dos trabalhos de remodelação de terrenos pela câmara municipal incide sobre a sua conformidade com planos municipais ou intermunicipais de ordenamento do território, planos especiais de ordenamento do território, medidas preventivas, área de desenvolvimento urbano prioritário, área de construção prioritária, servidões administrativas, restrições de utilidade pública e quaisquer outras normas legais e regulamentares aplicáveis, bem como sobre o uso e a integração urbana e paisagística.

ARTIGO 24º
[...]

1 – [...]:
a) Violar plano municipal e intermunicipal de ordenamento do território, plano especial de ordenamento do território, medidas preventivas, área de desenvolvimento urbano prioritário, área de construção prioritária, servidão administrativa, restrição de utilidade pública ou quaisquer outras normas legais e regulamentares aplicáveis;
b) [...];
c) [...].
2 – [...].
3 – [...].
4 – [...].
5 – [...].
6 – [...].

DECRETO-LEI Nº 136/2014 DE 09-09-2014

ARTIGO 27º
[...]

1 – [...].
2 – [...].
3 – Sem prejuízo do disposto no artigo 48º, a alteração da licença de operação de loteamento não pode ser aprovada se ocorrer oposição escrita dos titulares da maioria da área dos lotes constantes do alvará, devendo, para o efeito, o gestor de procedimento proceder à sua notificação para pronúncia no prazo de 10 dias.
4 – [...].
5 – [...].
6 – [...].
7 – [...].
8 – As alterações à licença de loteamento, com ou sem variação do número de lotes, que se traduzam na variação das áreas de implantação, de construção ou variação do número de fogos até 3 %, desde que observem os parâmetros urbanísticos ou utilizações constantes de plano municipal ou intermunicipal de ordenamento do território, são aprovadas por simples deliberação da câmara municipal, com dispensa de quaisquer outras formalidades, sem prejuízo das demais disposições legais e regulamentares aplicáveis.
9 – [...].

ARTIGO 34º
[...]

1 – *(Anterior corpo do artigo)*.
2 – A comunicação prévia consiste numa declaração que, desde que corretamente instruída, permite ao interessado proceder imediatamente à realização de determinadas operações urbanísticas após o pagamento das taxas devidas, dispensando a prática de quaisquer atos permissivos.
3 – O pagamento das taxas a que se refere o número anterior faz-se por auto-liquidação nos termos e condições definidos nos regulamentos municipais previstos no artigo 3º, não podendo o prazo de pagamento ser inferior a 60 dias, contados do termo do prazo para a notificação a que se refere o nº 2 do artigo 11º
4 – As operações urbanísticas realizadas ao abrigo de comunicação prévia observam as normas legais e regulamentares aplicáveis, designadamente as relativas às normas técnicas de construção e o disposto nos instrumentos de gestão territorial.
5 – Sempre que seja obrigatória a realização de consultas externas nos termos previstos na lei, a comunicação prévia pode ter lugar quando tais consultas já tenham sido efetuadas no âmbito de pedido de informação prévia, de aprova-

ção de planos de pormenor ou de operações de loteamento urbano, ou se o interessado instruir a comunicação prévia com as consultas por ele promovidas nos termos do artigo 13º-B.

ARTIGO 35º
Regime da comunicação prévia

1 – A comunicação prévia é dirigida ao presidente da câmara municipal e efetuada através da plataforma eletrónica referida no nº 1 do artigo 8º-A nos termos a regulamentar na portaria a que se refere o mesmo número.

2 – Na comunicação prévia o interessado indica o prazo de execução das obras, sem prejuízo do disposto nos artigos 71º e 72º

3 – [...].

4 – Os elementos instrutórios da comunicação prévia são regulados por portaria dos membros do Governo responsáveis pelas áreas do ordenamento do território e da administração local, neles se incluindo obrigatoriamente o termo de responsabilidade subscrito por técnico legalmente habilitado que ateste o cumprimento das normas legais e regulamentares aplicáveis.

5 – As operações urbanísticas objeto de comunicação prévia são disponibilizadas diariamente através da plataforma eletrónica referida no nº 1 do artigo 8º-A que emite o comprovativo eletrónico da sua apresentação.

6 – O comunicante pode solicitar aos serviços municipais que seja emitida, sem dependência de qualquer despacho, certidão na qual conste a identificação da operação urbanística objeto de comunicação prévia bem como a data da sua apresentação.

7 – É aplicável à comunicação prévia o disposto na alínea *a)* do nº 2 e no nº 3 do artigo 11º, com as devidas adaptações, sendo o despacho notificado ao interessado nos termos do disposto no artigo 121º

8 – Sem prejuízo do disposto nos números anteriores, a câmara municipal deve, em sede de fiscalização sucessiva, inviabilizar a execução das operações urbanísticas objeto de comunicação prévia e promover as medidas necessárias à reposição da legalidade urbanística, quando verifique que não foram cumpridas as normas e condicionantes legais e regulamentares, ou que estas não tenham sido precedidas de pronúncia, obrigatória nos termos da lei, das entidades externas competentes, ou que com ela não se conformem.

9 – O dever de fiscalização previsto no número anterior caduca 10 anos após a data de emissão do título da comunicação prévia.

ARTIGO 41º
[...]

As operações de loteamento só podem realizar-se em áreas situadas dentro do perímetro urbano e em terrenos já urbanizados ou cuja urbanização se encontre programada em plano municipal ou intermunicipal de ordenamento do território.

ARTIGO 42º
[...]

1 – O licenciamento de operação de loteamento que se realize em área não abrangida por qualquer plano municipal ou intermunicipal de ordenamento do território está sujeito a parecer prévio favorável da CCDR ao qual se aplica, com as necessárias adaptações, o disposto nos nºs 5 e 6 do artigo 13º
2 – [...].
3 – [...].
4 – [...].

ARTIGO 43º
[...]

1 – [...].
2 – Os parâmetros para o dimensionamento das áreas referidas no número anterior são os que estiverem definidos em plano municipal ou intermunicipal de ordenamento do território.
3 – [...].
4 – [...].

ARTIGO 44º
[...]

1 – [...].
2 – [...].
3 – As parcelas de terreno cedidas ao município integram-se no domínio municipal com a emissão do alvará ou, nas situações previstas no artigo 34º, através de instrumento notarial próprio a realizar no prazo de 20 dias após a receção da comunicação prévia, devendo a câmara municipal definir, no alvará ou no instrumento notarial, as parcelas afetas aos domínios público e privado do município.
4 – [...].
5 – [...].

ARTIGO 45º
[...]

1 – [...].

2 – Para os efeitos previstos no número anterior, considera-se que não existe alteração de afetação sempre que as parcelas cedidas sejam afetas a um dos fins previstos no nº 1 do artigo anterior, independentemente das especificações eventualmente constantes do documento que titula a transmissão.

3 – *(Anterior nº 2)*.

4 – Em alternativa ao exercício do direito referido no nº 1 ou no caso do nº 10, o cedente pode exigir ao município uma indemnização, a determinar nos termos estabelecidos no Código das Expropriações com referência ao fim a que se encontre afeta a parcela, calculada à data em que pudesse haver lugar à reversão.

5 – As parcelas que, nos termos do nº 1, tenham revertido para o cedente ficam sujeitas às mesmas finalidades a que deveriam estar afetas aquando da cedência, salvo quando se trate de parcela a afetar a equipamento de utilização coletiva, devendo nesse caso ser afeta a espaço verde, procedendo-se ainda ao averbamento desse facto no respetivo alvará ou à sua integração na comunicação prévia.

6 – Os direitos previstos nos nºs 1, 3 e 4 podem ser exercidos pelos proprietários de, pelo menos, um terço dos lotes constituídos em consequência da operação de loteamento.

7 – *(Anterior nº 6)*.

8 – O município é responsável pelos prejuízos causados aos proprietários dos imóveis referidos no número anterior, nos termos estabelecidos na Lei nº 67/2007, de 31 de dezembro, alterada pela Lei nº 31/2008, de 17 de julho, em matéria de atos ilícitos.

9 – A demolição prevista no nº 7 não prejudica os direitos legalmente estabelecidos de realojamento dos ocupantes.

10 – *(Anterior nº 9)*.

ARTIGO 48º
Execução de instrumentos de gestão territorial e outros instrumentos urbanísticos

1 – As operações de loteamento com as condições definidas na licença ou comunicação prévia podem ser alteradas por iniciativa da câmara municipal desde que tal alteração se mostre necessária à execução de plano municipal ou intermunicipal de ordenamento do território ou área de reabilitação urbana.

2 – [...].

3 – A deliberação referida no número anterior é precedida da audiência prévia do titular do alvará e demais interessados, que dispõem do prazo de 30 dias para se pronunciarem sobre o projeto de decisão.

DECRETO-LEI Nº 136/2014 DE 09-09-2014

4 – A pessoa coletiva que aprovar os instrumentos referidos no nº 1 que determinem direta ou indiretamente os danos causados ao titular do alvará e demais interessados, em virtude do exercício da faculdade prevista no nº 1, é responsável pelos mesmos nos termos do regime geral aplicável às situações de indemnização pelo sacrifício.

5 – Sem prejuízo do disposto no número anterior, nas situações de afetação das condições da licença ou comunicação prévia que, pela sua gravidade ou intensidade, eliminem ou restrinjam o seu conteúdo económico, o titular do alvará e demais interessados têm direito a uma indemnização correspondente ao valor económico do direito eliminado ou da parte do direito que tiver sido restringido.

6 – Enquanto não forem alteradas as condições das operações de loteamento nos termos previstos no nº 1, as obras de construção, de alteração ou de ampliação, na área abrangida por aquelas operações de loteamento, não têm que se conformar com planos municipais ou intermunicipais de ordenamento do território ou áreas de reabilitação urbana posteriores à licença ou comunicação prévia da operação de loteamento.

ARTIGO 48º-A
[...]

Sem prejuízo do disposto no artigo anterior, a alteração de operação de loteamento objeto de comunicação prévia só pode ser apresentada se for demonstrada a não oposição da maioria dos proprietários dos lotes constantes da comunicação.

ARTIGO 49º
[...]

1 – Nos títulos de arrematação ou outros documentos judiciais, bem como nos instrumentos relativos a atos ou negócios jurídicos de que resulte, direta ou indiretamente, a constituição de lotes nos termos da alínea *i)* do artigo 2º, sem prejuízo do disposto nos artigos 6º e 7º, ou a transmissão de lotes legalmente constituídos, devem constar o número do alvará ou da comunicação prévia, a data de emissão do título, a data de caducidade e a certidão do registo predial.
2 – [...].
3 – [...].
4 – [...].

ARTIGO 52º
[...]

Na publicidade à alienação de lotes de terreno, de edifícios ou frações autónomas neles construídos, em construção ou a construir, é obrigatório mencionar o número do alvará de loteamento ou da comunicação prévia e a data da sua emissão ou receção pela câmara municipal, bem como o respetivo prazo de validade.

ARTIGO 53º
[...]

1 – [...].
2 – [...].
3 – [...].
4 – [...].
5 – O prazo referido no nº 2 pode ainda ser prorrogado em consequência de alteração da licença ou da comunicação prévia.
6 – A prorrogação do prazo nos termos referidos nos números anteriores não dá lugar à emissão de novo alvará nem à apresentação de nova comunicação prévia, devendo ser averbada no alvará ou comunicação existentes.
7 – As obras de urbanização com as condições definidas na licença ou comunicação prévia podem ser alteradas por iniciativa da câmara municipal, nos termos e com os fundamentos estabelecidos no artigo 48º

ARTIGO 54º
[...]

1 – [...].
2 – [...].
3 – [...].
4 – [...].
5 – [...].
6 – O reforço ou a redução da caução, nos termos do nº 4, não dá lugar à emissão de novo alvará ou a nova comunicação.

ARTIGO 56º
[...]

1 – [...].
2 – O requerimento referido no número anterior deve ser preferencialmente apresentado com o pedido de licenciamento de loteamento ou, quando as obras de urbanização não se integrem em operação de loteamento, com o pedido de licenciamento das mesmas, podendo, contudo, ser apresentado em qualquer momento do procedimento, desde que não tenha ainda sido proferida decisão final.
3 – [...].
4 – [...].
5 – [...].
6 – [...].

DECRETO-LEI Nº 136/2014 DE 09-09-2014

ARTIGO 57º
[...]

1 – A câmara municipal fixa as condições a observar na execução da obra com o deferimento do pedido de licenciamento das operações urbanísticas e, no caso das obras sujeitas a comunicação prévia, através de regulamento municipal, devendo salvaguardar o cumprimento do disposto no regime da gestão de resíduos de construção e demolição.

2 – [...].

3 – [...].

4 – [...].

5 – O disposto no artigo 43º e nos nºs 1 a 3 do artigo 44º aplica-se aos procedimentos de licenciamento ou de comunicação prévia de obras quando respeitem a edifícios contíguos e funcionalmente ligados entre si que determinem, em termos urbanísticos, impactes semelhantes a uma operação de loteamento, nos termos a definir por regulamento municipal.

6 – O disposto no nº 4 do artigo 44º é aplicável aos procedimentos de licenciamento e de comunicação prévia de obras quando a operação contemple a criação de áreas de circulação viária e pedonal, espaços verdes e equipamento de uso privativo.

7 – (Revogado).

ARTIGO 58º
[...]

1 – [...].

2 – [...].

3 – Os prazos referidos nos números anteriores começam a contar da data de emissão do respetivo alvará, da data do pagamento ou do depósito das taxas ou da caução nas situações previstas no artigo 113º, ou da data em que a comunicação prévia se encontre titulada nos termos do nº 2 do artigo 74º

4 – O prazo para a conclusão da obra pode ser alterado por motivo de interesse público, devidamente fundamentado, no ato de deferimento a que se refere o nº 1, e, no caso de comunicação prévia, até ao termo do prazo previsto no nº 2 do artigo 11º

5 – [...].

6 – [...].

7 – O prazo estabelecido nos termos dos números anteriores pode ainda ser prorrogado em consequência da alteração da licença, bem como da apresentação de alteração aos projetos apresentados com a comunicação prévia.

8 – A prorrogação do prazo nos termos referidos nos números anteriores não dá lugar à emissão de novo alvará nem à apresentação de nova comunicação, devendo apenas ser nestes averbada.

9 – [...].

ARTIGO 60º
[...]

1 – [...].

2 – A licença de obras de reconstrução ou de alteração das edificações não pode ser recusada com fundamento em normas legais ou regulamentares supervenientes à construção originária, desde que tais obras não originem ou agravem desconformidade com as normas em vigor ou tenham como resultado a melhoria das condições de segurança e de salubridade da edificação.

3 – O disposto no número anterior aplica-se em sede de fiscalização sucessiva de obras sujeitas a comunicação prévia.

4 – *(Anterior nº 3)*.

ARTIGO 62º
[...]

1 – A autorização de utilização de edifícios ou suas frações autónomas na sequência de realização de obra sujeita a controlo prévio destina-se a verificar a conclusão da operação urbanística, no todo ou em parte, e a conformidade da obra com o projeto de arquitetura e arranjos exteriores aprovados e com as condições do respetivo procedimento de controlo prévio, assim como a conformidade da utilização prevista com as normas legais e regulamentares que fixam os usos e utilizações admissíveis, podendo contemplar utilizações mistas.

2 – No caso dos pedidos de autorização de utilização, de alteração de utilização ou de alguma informação constante de licença de utilização que já tenha sido emitida, que não sejam precedidos de operações urbanísticas sujeitas a controlo prévio, a autorização de utilização de edifícios ou suas frações autónomas destina-se a verificar a conformidade da utilização prevista com as normas legais e regulamentares que fixam os usos e utilizações admissíveis, bem como a idoneidade do edifício ou sua fração autónoma para o fim pretendido, podendo contemplar utilizações mistas.

ARTIGO 63º
[...]

1 – O pedido de autorização de utilização deve ser instruído com as telas finais, acompanhadas de termo de responsabilidade subscrito pelo diretor de obra ou

DECRETO-LEI Nº 136/2014 DE 09-09-2014

pelo diretor de fiscalização de obra, no qual aqueles devem declarar que a obra está concluída e que foi executada de acordo com os projetos de arquitetura e especialidades, bem como com os arranjos exteriores aprovados e com as condições do respetivo procedimento de controlo prévio e que as alterações efetuadas ao projeto estão em conformidade com as normas legais e regulamentares que lhe são aplicáveis.

2 – O pedido de autorização de utilização pode ainda ser instruído com termo de responsabilidade subscrito por pessoa legalmente habilitada a ser autor de projeto, nos termos do regime jurídico que define a qualificação profissional exigível aos técnicos responsáveis pela elaboração e subscrição de projetos, pela fiscalização de obra e pela direção de obra.

3 – O pedido de autorização de utilização, bem como as suas alterações, é apresentado através da plataforma eletrónica referida no nº 1 do artigo 8º-A, podendo ser utilizado o «Balcão do Empreendedor», para os pedidos relativos à instalação de estabelecimento e respetivas alterações de utilização, nos termos a regulamentar na portaria a que se refere o nº 4 do artigo 8º-A.

ARTIGO 64º
[...]

1 – A autorização de utilização é concedida no prazo de 10 dias a contar da receção do requerimento, com base nos termos de responsabilidade referidos no artigo anterior, salvo na situação prevista no número seguinte.

2 – [...].

3 – Quando o pedido de autorização de utilização for instruído com termo de responsabilidade referido no nº 2 do artigo anterior, é dispensada a realização de vistoria municipal, bem como a apresentação na câmara municipal de certificações, aprovações e pareceres externos, bastando a comunicação da conclusão dos trabalhos, acompanhada de declaração subscrita pelo autor do projeto e pelo diretor de obra ou diretor de fiscalização de obra, de que tais elementos foram obtidos.

4 – *(Anterior nº 3).*

ARTIGO 67º
[...]

A validade das licenças ou das autorizações de utilização depende da sua conformidade com as normas legais e regulamentares aplicáveis em vigor à data da sua prática, sem prejuízo do disposto no artigo 60º

ARTIGO 68º
[...]

Sem prejuízo da possibilidade de atribuição de efeitos jurídicos a situações de facto decorrentes de atos nulos nos termos gerais de direito, bem como do disposto no artigo 70º, são nulas as licenças, as autorizações de utilização e as decisões relativas a pedidos de informação prévia previstos no presente diploma que:

a) Violem o disposto em plano municipal ou intermunicipal de ordenamento do território, plano especial de ordenamento do território, medidas preventivas ou licença ou comunicação prévia de loteamento em vigor;

b) [...];

c) [...].

ARTIGO 69º
[...]

1 – [...].

2 – Quando tenha por objeto atos de licenciamento ou autorizações de utilização com fundamento em qualquer das invalidades previstas no artigo anterior, a citação ao titular da licença ou da autorização de utilização para contestar a ação referida no número anterior tem os efeitos previstos no artigo 103º para o embargo, sem prejuízo do disposto no número seguinte.

3 – [...].

4 – [...].

ARTIGO 70º
[...]

1 – O município responde civilmente nos termos gerais por ações e omissões cometidas em violação do estabelecido no presente decreto-lei.

2 – O disposto no número anterior inclui a responsabilidade por prejuízos resultantes de operações urbanísticas executadas com base em atos de controlo prévio ilegais, nomeadamente em caso de revogação, anulação ou declaração de nulidade de licenças ou autorizações de utilização, sempre que a causa de revogação, anulação ou declaração de nulidade resulte de uma conduta ilícita dos titulares dos seus órgãos ou dos seus funcionários e agentes.

3 – Para efeitos do disposto no número anterior são solidariamente responsáveis:

a) O titular do órgão administrativo singular que haja praticado os atos ao abrigo dos quais foram executadas ou desenvolvidas as operações urbanísticas referidas sem que tivesse sido promovida a consulta de entidades externas ou em desrespeito do parecer, autorização ou aprovação emitidos, quando vinculativos;

DECRETO-LEI Nº 136/2014 DE 09-09-2014

b) Os membros dos órgãos colegiais que tenham votado a favor dos atos referidos na alínea anterior;

c) Os trabalhadores que tenham prestado informação favorável à prática do ato de controlo prévio ilegal, em caso de dolo ou culpa grave;

d) Os membros da câmara municipal quando não promovam as medidas necessárias à reposição da legalidade, nos termos do disposto no nº 8 do artigo 35º, em caso de dolo ou culpa grave.

4 – Quando a ilegalidade que fundamenta a revogação, anulação ou declaração de nulidade de ato administrativo resulte de parecer vinculativo, autorização ou aprovação legalmente exigível, a entidade que o emitiu responde solidariamente com o município, que tem sobre aquela direito de regresso nos termos gerais de direito.

5 – Impende sobre os titulares dos órgãos municipais o dever de desencadear procedimentos disciplinares aos trabalhadores sempre que se verifique alguma das situações referidas no artigo 101º

ARTIGO 71º
[...]

1 – A licença ou comunicação prévia para a realização de operação de loteamento caduca se:

a) Não for apresentada a comunicação prévia para a realização das respetivas obras de urbanização no prazo de um ano a contar da notificação do ato de licenciamento ou, na hipótese de comunicação prévia, não for apresentada comunicação prévia para a realização de obras de urbanização no prazo de um ano a contar da data daquela; ou se

b) Não for requerido o alvará a que se refere o nº 3 do artigo 76º no prazo de um ano a contar da comunicação prévia das respetivas obras de urbanização;

c) Não forem iniciadas as obras de edificação previstas na operação de loteamento no prazo fixado para esse efeito, nos termos da alínea *g)* do nº 1 do artigo 77º

2 – A licença ou comunicação prévia para a realização de operação de loteamento que não exija a realização de obras de urbanização, bem como a licença para a realização das operações urbanísticas previstas nas alíneas *b)* a *e)* do nº 2 e no nº 4 do artigo 4º, caducam, no caso da licença, se no prazo de um ano a contar da notificação do ato de licenciamento não for requerida a emissão do respetivo alvará ou, no caso da comunicação prévia e sendo devida, não ocorra o pagamento das taxas no prazo previsto para o efeito, determinando, em qualquer dos casos, a imediata cessação da operação urbanística.

3 – Para além das situações previstas no número anterior, a licença ou a comunicação prévia para a realização das operações urbanísticas referidas no número

anterior, bem como a licença ou a comunicação prévia para a realização de operação de loteamento que exija a realização de obras de urbanização, caducam ainda:

a) Se as obras não forem iniciadas no prazo de 12 meses a contar da data de emissão do alvará ou do pagamento das taxas no caso de comunicação prévia, ou nos casos previstos no artigo 113º;

b) Se as obras estiverem suspensas por período superior a seis meses, salvo se a suspensão decorrer de facto não imputável ao titular da licença ou da comunicação prévia;

c) [...];

d) Se as obras não forem concluídas no prazo fixado na licença ou comunicação prévia, ou suas prorrogações, contado a partir da data de emissão do alvará ou do pagamento das taxas no caso da comunicação prévia;

e) [...].

4 – [...]:

a) [...];

b) Decorram na ausência do diretor da obra;

c) [...].

5 – As caducidades previstas no presente artigo devem ser declaradas pela câmara municipal, verificadas as situações previstas no presente artigo, após audiência prévia do interessado.

6 – [...].

7 – Tratando-se de licença para a realização de operação de loteamento ou de obras de urbanização, a caducidade pelos motivos previstos na alínea *c)* do nº 1 e nos nºs 3 e 4 observa os seguintes termos:

a) A caducidade não produz efeitos relativamente aos lotes para os quais já haja sido deferido pedido de licenciamento para obras de edificação ou já tenha sido apresentada comunicação prévia da realização dessas obras;

b) A caducidade não produz efeitos relativamente às parcelas cedidas para implantação de espaços verdes públicos e equipamentos de utilização coletiva e infraestruturas que sejam indispensáveis aos lotes referidos no número anterior e sejam identificadas pela Câmara Municipal na declaração prevista no nº 5;

c) Nas situações previstas na alínea *c)* do nº 1, a caducidade não produz efeitos, ainda, quanto à divisão ou reparcelamento fundiário resultante da operação de loteamento, mantendo-se os lotes constituídos por esta operação, a respetiva área e localização e extinguindo-se as demais especificações relativas aos lotes, previstas na alínea *e)* do nº 1 do artigo 77º

ARTIGO 73º
[...]

1 – Sem prejuízo do que se dispõe no número seguinte, a licença ou as autorizações de utilização só podem ser revogadas nos termos estabelecidos na lei para os atos constitutivos de direitos.

2 – Nos casos a que se refere o nº 2 do artigo 105º, a licença pode ser revogada pela câmara municipal decorrido o prazo de seis meses a contar do termo do prazo estabelecido de acordo com o nº 1 do mesmo artigo.

ARTIGO 74º
Título da licença, da comunicação prévia e da autorização de utilização

1 – [...].

2 – A comunicação prévia relativa a operações urbanísticas é titulada pelo comprovativo eletrónico da sua apresentação emitido pela plataforma eletrónica referida no nº 1 do artigo 8º-A, acompanhado do documento comprovativo do pagamento das taxas e, no caso de operações de loteamento, é titulada, ainda, por documento comprovativo da prestação de caução e da celebração do instrumento notarial a que se refere o nº 3 do artigo 44º ou por declaração da câmara municipal relativa à sua inexigibilidade.

3 – [...].

ARTIGO 76º
[...]

1 – [...].

2 – [...].

3 – No caso de operação de loteamento que exija a realização de obras de urbanização, é emitido um único alvará, que deve ser requerido no prazo de um ano a contar da comunicação prévia das obras de urbanização.

4 – [...].

5 – O requerimento de emissão de alvará só pode ser indeferido com fundamento na caducidade, suspensão, revogação, anulação ou declaração de nulidade da licença, na caducidade ou cassação do título da comunicação prévia nos termos do artigo 79º, ou na falta de pagamento das taxas referidas no número anterior.

6 – [...].

ARTIGO 77º
[...]

1 – [...]:

a) [...];

b) [...];

c) [...];

d) Enquadramento da operação urbanística em plano municipal ou intermunicipal de ordenamento do território em vigor, bem como na respetiva unidade de execução, se a houver;

e) [...];

f) [...];

g) Prazo máximo para a conclusão das operações de edificação previstas na operação de loteamento, o qual deve observar o prazo previsto no instrumento de programação da execução do plano territorial de âmbito municipal ou intermunicipal aplicável e não pode ser superior a 10 anos;

h) *[Anterior alínea g)]*;

i) *[Anterior alínea h)]*.

2 – [...].

3 – [...].

4 – [...]:

a) [...];

b) [...];

c) [...];

d) Enquadramento das obras em operação de loteamento ou plano municipal ou intermunicipal de ordenamento do território em vigor, no caso das obras previstas nas alíneas *b)*, *c)* e *e)* do artigo 2º;

e) [...];

f) [...];

g) [...];

h) [...];

i) [...].

5 – [...].

6 – [...].

7 – [...].

8 – [...].

ARTIGO 79º
[...]

1 – O alvará ou o título da comunicação prévia é cassado pelo presidente da câmara municipal quando:

a) A licença caduque, seja revogada, anulada ou declarada nula;

b) A comunicação prévia caduque, não cumpra as normas legais ou regulamentares aplicáveis, não tenha sido antecedida dos pareceres, autorizações ou aprovações legalmente exigidos ou não se conforme com os mesmos.

DECRETO-LEI Nº 136/2014 DE 09-09-2014

2 – A cassação do alvará ou do título da comunicação prévia de loteamento é comunicada pelo presidente da câmara municipal à conservatória do registo predial competente, para efeitos de anotação à descrição ou de cancelamento do correspondente registo.

3 – Com a comunicação referida no número anterior, o presidente da câmara municipal dá igualmente conhecimento à conservatória do registo predial dos lotes que se encontrem na situação referida no nº 7 do artigo 71º, requerendo a esta o cancelamento parcial do correspondente registo nos termos da alínea *g)* do nº 2 do artigo 101º do Código do Registo Predial e indicando as descrições a manter.

4 – [...].

5 – O título da comunicação prévia é cassado através do averbamento da cassação à informação constante da plataforma eletrónica referida no nº 1 do artigo 8º-A.

ARTIGO 80º
[...]

1 – [...].

2 – As obras e os trabalhos sujeitos ao regime da comunicação prévia podem iniciar-se nos termos do disposto no nº 2 do artigo 34º

3 – [...].

4 – No prazo de 60 dias a contar do início dos trabalhos relativos às operações urbanísticas referidas nas alíneas *c)* a *e)* do nº 2 do artigo 4º deve o promotor da obra apresentar na câmara municipal cópia das especialidades e outros estudos.

ARTIGO 82º
[...]

1 – Os alvarás a que se referem os nºs 1 e 4 do artigo 77º e a notificação referida no nº 5 do artigo anterior constituem título bastante para instruir os pedidos de ligação dos sistemas de água, de saneamento, de gás, de eletricidade e de telecomunicações, podendo os requerentes optar, mediante autorização das entidades gestoras, pela realização das obras indispensáveis à sua concretização nas condições regulamentares e técnicas definidas por aquelas entidades.

2 – No caso de obras sujeitas a comunicação prévia, constitui título bastante para os efeitos previstos no número anterior a apresentação dos documentos referidos no nº 2 do artigo 74º

3 – Até à apresentação do alvará de autorização de utilização, as ligações referidas no número anterior são efetuadas pelo prazo fixado no alvará respetivo ou no título da comunicação prévia, e apenas podem ser prorrogadas pelo período correspondente à prorrogação daquele prazo, salvo nos casos em que aquele alvará não haja sido emitido por razões exclusivamente imputáveis à câmara municipal.

4 – No caso de obras sujeitas a comunicação prévia, se for necessária a compatibilização de projetos com as infraestruturas existentes ou a sua realização no caso de inexistência, estas são promovidas pela entidade prestadora ou pelo requerente, nos termos da parte final do nº 1.

ARTIGO 84º
[...]

1 – Sem prejuízo do disposto no presente diploma em matéria de suspensão, caducidade das licenças, autorizações ou comunicação prévia ou de cassação dos respetivos títulos, a câmara municipal, para salvaguarda do património cultural, da qualidade do meio urbano e do meio ambiente, da segurança das edificações e do público em geral ou, no caso de obras de urbanização, também para proteção de interesses de terceiros adquirentes de lotes, pode promover a realização das obras por conta do titular do alvará ou do apresentante da comunicação prévia quando, por causa que seja imputável a este último:

a) Não tiverem sido iniciadas no prazo de um ano a contar da data da emissão do alvará ou do título da comunicação prévia;

b) [...];

c) [...];

d) [...].

2 – [...].

3 – [...].

4 – Logo que se mostre reembolsada das despesas efetuadas nos termos do presente artigo, a câmara municipal procede ao levantamento do embargo que possa ter sido decretado ou, quando se trate de obras de urbanização, emite oficiosamente alvará, competindo ao presidente da câmara dar conhecimento das respetivas deliberações, quando seja caso disso, à Direção-Geral do Território, para efeitos cadastrais, e à conservatória do registo predial.

ARTIGO 85º
[...]

1 – [...].

2 – [...]:

a) Cópia do alvará ou do título da comunicação prévia, nos termos do nº 2 do artigo 74º;

b) [...];

c) [...].

3 – [...].

4 – [...].

5 – [...].

6 – [...].
7 – [...].
8 – [...].
9 – A câmara municipal emite oficiosamente alvará para execução de obras por terceiro, competindo ao seu presidente dar conhecimento das respetivas deliberações à Direção-Geral do Território, para efeitos cadastrais, e à conservatória do registo predial, quando:
a) [...];
b) [...].

ARTIGO 88º
[...]

1 – Quando as obras já tenham atingido um estado avançado de execução mas a licença ou comunicação prévia haja caducado, pode ser requerida a concessão de licença especial para a sua conclusão, desde que não se mostre aconselhável a demolição da obra, por razões ambientais, urbanísticas, técnicas ou económicas.
2 – *(Revogado).*
3 – *(Revogado).*
4 – *(Revogado).*

ARTIGO 93º
[...]

1 – A realização de quaisquer operações urbanísticas está sujeita a fiscalização administrativa, independentemente de estarem isentas de controlo prévio ou da sua sujeição a prévio licenciamento, comunicação prévia ou autorização de utilização.
2 – [...].

ARTIGO 97º
[...]

1 – Todos os factos relevantes relativos à execução de obras licenciadas ou objeto de comunicação prévia devem ser registados pelo respetivo diretor de obra no livro de obra, a conservar no local da sua realização para consulta pelos funcionários municipais responsáveis pela fiscalização de obras.
2 – [...].
3 – [...].

ARTIGO 98º
[...]

1 – [...]:

a) [...];

b) A realização de quaisquer operações urbanísticas em desconformidade com o respetivo projeto ou com as condições do licenciamento ou da comunicação prévia;

c) [...];

d) A ocupação de edifícios ou suas frações autónomas sem autorização de utilização ou em desacordo com o uso fixado no respetivo alvará ou comunicação prévia, salvo se estes não tiverem sido emitidos no prazo legal por razões exclusivamente imputáveis à câmara municipal;

e) [...];

f) [...]:

   i) À conformidade da execução da obra com o projeto aprovado e com as condições da licença ou da comunicação prévia apresentada;

   ii) [...];

g) [...];

h) [...];

i) [...];

j) A não manutenção de forma visível do exterior do prédio, até à conclusão da obra, do aviso que publicita o alvará ou a comunicação prévia;

l) [...];

m) [...];

n) [...];

o) [...];

p) A ausência do número de alvará de loteamento ou da comunicação prévia nos anúncios ou em quaisquer outras formas de publicidade à alienação dos lotes de terreno, de edifícios ou frações autónomas nele construídos;

q) [...];

r) A realização de operações urbanísticas sujeitas a comunicação prévia sem que esta tenha ocorrido;

s) [...];

t) [...].

2 – [...].

3 – [...].

4 – [...].

5 – [...].

6 – [...].

7 – [...].

ARTIGO 99º

[...]

1 – [...].

2 – As sanções previstas no nº 1, bem como as previstas no artigo anterior, quando aplicadas a empresas de construção, empreiteiros ou construtores, são comunicadas ao InCI, I. P.

3 – [...].

4 – [...].

ARTIGO 102º
Reposição da legalidade urbanística

1 – Os órgãos administrativos competentes estão obrigados a adotar as medidas adequadas de tutela e restauração da legalidade urbanística quando sejam realizadas operações urbanísticas:

a) Sem os necessários atos administrativos de controlo prévio;

b) Em desconformidade com os respetivos atos administrativos de controlo prévio;

c) Ao abrigo de ato administrativo de controlo prévio revogado ou declarado nulo;

d) Em desconformidade com as condições da comunicação prévia;

e) Em desconformidade com as normas legais ou regulamentares aplicáveis.

2 – As medidas a que se refere o número anterior podem consistir:

a) No embargo de obras ou de trabalhos de remodelação de terrenos;

b) Na suspensão administrativa da eficácia de ato de controlo prévio;

c) Na determinação da realização de trabalhos de correção ou alteração, sempre que possível;

d) Na legalização das operações urbanísticas;

e) Na determinação da demolição total ou parcial de obras;

f) Na reposição do terreno nas condições em que se encontrava antes do início das obras ou trabalhos;

g) Na determinação da cessação da utilização de edifícios ou suas frações autónomas.

3 – Independentemente das situações previstas no nº 1, a câmara municipal pode:

MAIS UMA ALTERAÇÃO AO REGIME JURÍDICO DA URBANIZAÇÃO E DA EDIFICAÇÃO

a) Determinar a execução de obras de conservação necessárias à correção de más condições de segurança ou salubridade ou à melhoria do arranjo estético;

b) Determinar a demolição, total ou parcial, das construções que ameacem ruína ou ofereçam perigo para a saúde pública e segurança das pessoas.

4 – *(Revogado).*

5 – *(Revogado).*

6 – *(Revogado).*

7 – *(Revogado).*

8 – *(Revogado).*

ARTIGO 103º
[...]

1 – [...].

2 – Tratando-se de obras licenciadas ou objeto de comunicação prévia, o embargo determina também a suspensão da eficácia da respetiva licença ou, no caso de comunicação prévia, a imediata cessação da operação urbanística, bem como, no caso de obras de urbanização, a suspensão de eficácia da licença de loteamento urbano a que a mesma respeita ou a cessação das respetivas obras.

3 – [...].

4 – O embargo, ainda que parcial, suspende o prazo que estiver fixado para a execução das obras no respetivo alvará de licença ou estabelecido na comunicação prévia.

ARTIGO 110º
[...]

1 – [...]:

a) Sobre os instrumentos de desenvolvimento e de gestão territorial em vigor para determinada área do município, bem como das demais condições gerais a que devem obedecer as operações urbanísticas a que se refere o presente diploma;

b) [...].

2 – [...].

3 – [...].

4 – [...].

5 – [...].

6 – [...].

ARTIGO 116º
[...]

1 – A emissão dos alvarás de licença e autorização de utilização previstas no presente diploma estão sujeitas ao pagamento das taxas a que se refere a alínea

b) do artigo 6º da Lei nº 53-E/2006, de 29 de dezembro, alterada pelas Leis nºs 64-A/2008, de 31 de dezembro, e 117/2009, de 29 de dezembro.

2 – A emissão do alvará de licença e a comunicação prévia de loteamento estão sujeitas ao pagamento das taxas a que se refere a alínea *a)* do artigo 6º da Lei nº 53-E/2006, de 29 de dezembro, alterada pelas Leis nºs 64-A/2008, de 31 de dezembro, e 117/2009, de 29 de dezembro.

3 – A emissão do alvará de licença e a comunicação prévia de obras de construção ou ampliação em área não abrangida por operação de loteamento estão igualmente sujeitas ao pagamento da taxa referida no número anterior.

4 – [...].

5 – [...].

6 – [...].

ARTIGO 119º
[...]

1 – [...]:

a) Os referentes a programa e plano regional de ordenamento do território, planos especiais de ordenamento do território, planos municipais e intermunicipais de ordenamento do território, medidas preventivas, áreas de desenvolvimento urbano prioritário, áreas de construção prioritária, áreas de reabilitação urbana e alvarás de loteamento em vigor;

b) [...];

c) [...];

d) [...];

e) [...];

f) [...];

g) [...];

h) [...];

i) [...];

j) [...];

l) [...];

m) [...].

2 – [...].

3 – [...].

4 – Para efeitos do disposto no Decreto-Lei nº 151-B/2013, de 31 de outubro, alterado pelo Decreto-Lei nº 47/2014, de 24 de março, que aprova o regime de avaliação de impacte ambiental, sempre que esteja em causa a realização de operação urbanística sujeita a avaliação de impacte ambiental (AIA), não pode ser emitida licença ou apresentada comunicação prévia ao abrigo do presente decreto-lei sem previamente ter sido emitida declaração de impacte ambiental

(DI*A*) favorável ou condicionalmente favorável ou, no caso de o procedimento de AIA ter decorrido em fase de estudo prévio ou de anteprojeto, emitida decisão favorável sobre a conformidade do projeto de execução com a DIA.

ARTIGO 120º
[...]

1 – [...].
2 – Não sendo prestada a informação prevista no número anterior, as entidades que a tiverem solicitado podem recorrer ao processo de intimação regulado nos artigos 104º e seguintes da Lei nº 15/2002, de 22 de fevereiro, alterada pela Lei nº 63/2011, de 14 de dezembro.

ARTIGO 121º
[...]

As notificações e comunicações referidas no presente diploma e dirigidas aos requerentes efetuam-se através do sistema eletrónico a que se refere o artigo 8º-A, por correio eletrónico ou outro meio de transmissão eletrónica de dados, salvo quando estes não forem possíveis ou se mostrarem inadequados.»

ARTIGO 3º
Aditamento ao Decreto-Lei nº 555/99, de 16 de dezembro

São aditados ao Decreto-Lei nº 555/99, de 16 de dezembro, os artigos 100º-A, 102º-A e 102º-B, com a seguinte redação:

ARTIGO 100º-A
Responsabilidade civil dos intervenientes nas operações urbanísticas

1 – As pessoas jurídicas que violem, com dolo ou negligência, por ação ou omissão, os deveres inerentes ao exercício da atividade a que estejam obrigados por contrato ou por norma legal ou regulamentar aplicável são responsáveis pelo ressarcimento dos danos causados a terceiros e pelos custos e encargos das medidas específicas de reconstituição da situação que existiria caso a ordem jurídica urbanística não tivesse sido violada.

2 – Relativamente a operações urbanísticas sujeitas a controlo prévio que tenham sido desenvolvidas em violação das condições previstas na licença, comunicação prévia ou autorização, consideram-se solidariamente responsáveis os empreiteiros, os diretores da obra e os responsáveis pela fiscalização, sem prejuízo da responsabilidade dos promotores e dos donos da obra, nos termos gerais.

3 – Relativamente a operações urbanísticas sujeitas a controlo prévio que tenham sido realizadas sem tal controlo ou estejam em desconformidade com os

seus pressupostos ou com qualquer das condições previstas na lei para a isenção de controlo prévio, consideram-se solidariamente responsáveis os promotores e donos da obra, os responsáveis pelos usos e utilizações existentes, bem como os empreiteiros e os diretores da obra.

4 – No caso de operações urbanísticas incompatíveis com os instrumentos de gestão territorial aplicáveis são solidariamente responsáveis:

a) Os autores e coordenadores dos projetos e dos demais documentos técnicos;

b) Os diretores da obra;

c) Os responsáveis pela fiscalização.

5 – Consideram-se promotores, para os efeitos do disposto nos n°s 2 e 3:

a) A pessoa jurídica, pública ou privada, seja ou não proprietária dos terrenos relativamente aos quais se refere a operação urbanística, que é responsável pela sua execução ou desenvolvimento;

b) O proprietário do imóvel no qual foram executadas ou desenvolvidas operações urbanísticas, quando tenha tido conhecimento das obras, trabalhos, edificações, usos e utilizações ilícitos, presumindo-se tal conhecimento, salvo prova em contrário, quando o proprietário tenha permitido, por qualquer ato, ao responsável direto da violação o acesso à utilização do imóvel.

6 – Considera-se empreiteiro, para os efeitos do disposto nos n°s 2 e 3, a pessoa jurídica, pública ou privada, que exerce a atividade de execução das obras de edificação e urbanização e se encontre devidamente habilitada pelo InCI, I. P.

7 – As pessoas coletivas são responsáveis pelas infrações cometidas pelos seus órgãos, funcionários e agentes.

8 – Todos os intervenientes na realização de operações urbanísticas respondem solidariamente quando se verifique a impossibilidade de determinar o autor do dano ou, havendo concorrência de culpas, não seja possível precisar o grau de intervenção de cada interveniente no dano produzido.

9 – A aprovação do projeto ou o exercício da fiscalização municipal não isentam os técnicos responsáveis pela sua fiscalização ou direção, da responsabilidade pela condução dos trabalhos em estrita observância pelas condições da licença ou da comunicação prévia.

ARTIGO 102º-A
Legalização

1 – Quando se verifique a realização de operações urbanísticas ilegais nos termos do nº 1 do artigo anterior, se for possível assegurar a sua conformidade com as disposições legais e regulamentares em vigor, a câmara municipal notifica os interessados para a legalização das operações urbanísticas, fixando um prazo para o efeito.

MAIS UMA ALTERAÇÃO AO REGIME JURÍDICO DA URBANIZAÇÃO E DA EDIFICAÇÃO

2 – O procedimento de legalização deve ser instruído com os elementos exigíveis em função da pretensão concreta do requerente, com as especificidades constantes dos números seguintes.

3 – A câmara municipal pode solicitar a entrega dos documentos e elementos, nomeadamente os projetos das especialidade e respetivos termos de responsabilidade ou os certificados de aprovação emitidos pelas entidades certificadoras competentes, que se afigurem necessários, designadamente, para garantir a segurança e saúde públicas.

4 – Para efeitos do disposto no número anterior, é dispensada, nos casos em que não haja obras de ampliação ou de alteração a realizar, a apresentação dos seguintes elementos:

a) Calendarização da execução da obra;

b) Estimativa do custo total da obra;

c) Documento comprovativo da prestação de caução;

d) Apólice de seguro de construção;

e) Apólice de seguro que cubra a responsabilidade pela reparação dos danos emergentes de acidentes de trabalho;

f) Títulos habilitantes para o exercício da atividade de construção válidos à data da construção da obra;

g) Livro de obra;

h) Plano de segurança e saúde.

5 – Pode ser dispensado o cumprimento de normas técnicas relativas à construção cujo cumprimento se tenha tornado impossível ou que não seja razoável exigir, desde que se verifique terem sido cumpridas as condições técnicas vigentes à data da realização da operação urbanística em questão, competindo ao requerente fazer a prova de tal data.

6 – O interessado na legalização da operação urbanística pode solicitar à câmara municipal informação sobre os termos em que esta se deve processar, devendo a câmara municipal fornecer essa informação no prazo máximo de 15 dias.

7 – Os municípios aprovam os regulamentos necessários para concretizar e executar o disposto no presente artigo devendo, designadamente, concretizar os procedimentos em função das operações urbanísticas e pormenorizar, sempre que possível, os aspetos que envolvam a formulação de valorações próprias do exercício da função administrativa, em especial os morfológicos e estéticos.

8 – Nos casos em que os interessados não promovam as diligências necessárias à legalização voluntária das operações urbanísticas, a câmara municipal pode proceder oficiosamente à legalização, exigindo o pagamento das taxas fixadas em regulamento municipal.

9 – A faculdade concedida no número anterior apenas pode ser exercida quando estejam em causa obras que não impliquem a realização de cálculos de estabilidade.

DECRETO-LEI Nº 136/2014 DE 09-09-2014

10 – Caso o requerente, tendo sido notificado para o pagamento das taxas devidas, não proceda ao respetivo pagamento, é promovido o procedimento de execução fiscal do montante liquidado.

11 – A legalização oficiosa tem por único efeito o reconhecimento de que as obras promovidas cumprem os parâmetros urbanísticos previstos nos instrumentos de gestão territorial aplicáveis, sendo efetuada sob reserva de direitos de terceiros.

ARTIGO 102º-B
Embargo

1 – Sem prejuízo das competências atribuídas por lei a outras entidades, o presidente da câmara municipal é competente para embargar obras de urbanização, de edificação ou de demolição, bem como quaisquer trabalhos de remodelação de terrenos, quando estejam a ser executadas:

a) Sem a necessária licença ou comunicação prévia;

b) Em desconformidade com o respetivo projeto ou com as condições do licenciamento ou comunicação prévia, salvo o disposto no artigo 83º; ou

c) Em violação das normas legais e regulamentares aplicáveis.

2 – A notificação é feita ao responsável pela direção técnica da obra, bem como ao titular do alvará de licença ou apresentante da comunicação prévia e, quando possível, ao proprietário do imóvel no qual estejam a ser executadas as obras ou seu representante, sendo suficiente para obrigar à suspensão dos trabalhos qualquer dessas notificações ou a de quem se encontre a executar a obra no local.

3 – Após o embargo, é de imediato lavrado o respetivo auto, que contém, obrigatória e expressamente, a identificação do funcionário municipal responsável pela fiscalização de obras, das testemunhas e do notificado, a data, a hora e o local da diligência e as razões de facto e de direito que a justificam, o estado da obra e a indicação da ordem de suspensão e proibição de prosseguir a obra e do respetivo prazo, bem como as cominações legais do seu incumprimento.

4 – O auto é redigido em duplicado e assinado pelo funcionário e pelo notificado, ficando o duplicado na posse deste.

5 – No caso de a ordem de embargo incidir apenas sobre parte da obra, o respetivo auto faz expressa menção de que o embargo é parcial e identifica claramente qual é a parte da obra que se encontra embargada.

6 – O auto de embargo é notificado às pessoas identificadas no nº 2 e disponibilizado no sistema informático referido no artigo 8º-A, no prazo de cinco dias úteis.

7 – No caso de as obras estarem a ser executadas por pessoa coletiva, o embargo e o respetivo auto são ainda comunicados para a respetiva sede social ou representação em território nacional.

8 – O embargo, assim como a sua cessação ou caducidade, é objeto de registo na conservatória do registo predial, mediante comunicação do despacho que o determinou, procedendo-se aos necessários averbamentos.»

ARTIGO 4º
Alteração ao Decreto-Lei nº 307/2009, de 23 de outubro

Os artigos 53º-C, 53º-F e 53º-G do Decreto-Lei nº 307/2009, de 23 de outubro, alterado pela Lei nº 32/2012, de 14 de agosto, passam a ter a seguinte redação:

ARTIGO 53º-C
[...]

1 – A comunicação prévia é apresentada ao município e é acompanhada dos elementos referidos no nº 4 do artigo 35º do RJUE.
2 – [...].
3 – [...].

ARTIGO 53º-F
[...]

1 – [...].
2 – Sempre que seja dispensado o cumprimento de normas legais e regulamentares em vigor supervenientes à construção originária, a apresentação da comunicação prévia deve ser acompanhada de termo de responsabilidade subscrito pelo técnico autor do projeto legalmente habilitado que comprove que a desconformidade com as normas em vigor não é originada nem agravada pela operação de reabilitação urbana ou que esta melhora as condições de segurança e de salubridade da edificação, e ainda que são observadas as opções de construção adequadas à segurança estrutural e sísmica do edifício.
3 – [...].
4 - *(Revogado)*.
5 – [...].

ARTIGO 53º-G
[...]

1 – [...]
2 – Os termos de responsabilidade a que se referem os nºs 1 e 2 do artigo 63º do RJUE, devem conter as declarações previstas naquela disposição legal, bem como:
a) [...];
b) [...];
c) [...];

d) [...].
3 – [...].
4 – [...].»

ARTIGO 5º
Alteração ao Decreto-Lei nº 163/2006, de 8 de agosto

O artigo 3º do Decreto-Lei nº 163/2006, de 8 de agosto, passa a ter a seguinte redação:

«ARTIGO 3º
[...]

1 – Os pedidos de licenciamento e de autorização de utilização e a apresentação de comunicação prévia relativos a obras de construção, alteração, ampliação, reconstrução e urbanização devem ser instruídos com um plano de acessibilidades que apresente a rede de espaços e equipamentos acessíveis, bem como soluções de detalhe métrico, técnico e construtivo, esclarecendo as soluções adotadas em matéria de acessibilidade a pessoas com deficiência e mobilidade condicionada, nos termos regulamentados na Portaria nº 1110/2001, de 19 de setembro.

2 – Quando o plano de acessibilidades referido no número anterior seja acompanhado por termo de responsabilidade subscrito por técnico legalmente habilitado do cumprimento do disposto no presente diploma e demais normas legais e regulamentares aplicáveis, fica dispensada a sua apreciação prévia pela câmara municipal.

3 – *(Anterior nº 2).*

4 – [...].

5 – [...].»

ARTIGO 6º
Alteração sistemática ao Decreto-Lei nº 555/99, de 16 de dezembro

1 – O artigo 39º passa a ter a epígrafe: «Dispensa de autorização prévia de localização».

2 – A secção IV do capítulo II passa a designar-se «Validade e eficácia dos atos de licenciamento e autorização de utilização e efeitos da comunicação prévia».

3 – A subsecção II da secção IV do capítulo II passa a designar-se «Caducidade e revogação da licença e autorização de utilização e cessação de efeitos da comunicação prévia».

ARTIGO 7º
Referências legais

Todas as referências legais ao Decreto-Lei nº 555/99, de 16 de dezembro, nomeadamente no que respeita ao procedimento de comunicação prévia, consideram-se feitas às correspondentes disposições legais decorrentes das alterações introduzidas pelo presente decreto-lei e com o conteúdo aqui definido.

ARTIGO 8º
Norma transitória

1 – As disposições do presente decreto-lei que dependam do acesso à plataforma eletrónica referida no nº 1 do artigo 8º-A do Decreto-Lei nº 555/99, de 16 de dezembro, por parte dos particulares aplicam-se de forma faseada e em termos a fixar na portaria aí referida.

2 – Até à entrada em funcionamento da plataforma eletrónica referida no número anterior, a tramitação dos processos pode efetuar-se nos termos previstos no regime anteriormente vigente.

3 – A responsabilidade pela assunção dos encargos decorrentes da implementação de novas funcionalidades nos sistemas informáticos em resultado do disposto no nº 1 é fixada na portaria nele referida.

ARTIGO 9º
Norma revogatória

1 – São revogados a alínea *n)* do artigo 2º, as alíneas *g)* e *h)* do nº 4 do artigo 4º, o nº 2 do artigo 5º, os nºs 4 e 11 do artigo 11º, o nº 4 do artigo 13º-A, o artigo 36º, o artigo 36º-A, o artigo 50º, o nº 7 do artigo 57º, os nºs 2 a 4 do artigo 88º, os nºs 4 a 8 do artigo 102º e o artigo 108º-A do Decreto-Lei nº 555/99, de 16 de dezembro.

2 – São revogados o nº 3 do artigo 53º-D, o artigo 53º-E e o nº 4 do artigo 53º-F do Decreto-Lei nº 307/2009, de 23 de outubro, alterado pela Lei nº 32/2012, de 14 de agosto.

ARTIGO 10º
Republicação

1 – É republicado, em anexo ao presente decreto-lei, do qual faz parte integrante, o Decreto-Lei nº 555/99, de 16 de dezembro, com a redação atual.

2 – Para efeitos de republicação, onde se lê «portaria conjunta» deve ler-se «portaria».

ARTIGO 11º
Aplicação no tempo

1 – O presente decreto-lei aplica-se aos procedimentos que se iniciem após a sua entrada em vigor.

2 – O disposto no Decreto-Lei nº 555/99, de 16 de dezembro, com as alterações introduzidas pelo presente decreto-lei, no que respeita à conformidade das operações urbanísticas com os planos especiais de ordenamento do território só se aplica enquanto estes forem vinculativos dos particulares.

ARTIGO 12º
Entrada em vigor

O presente decreto-lei entra em vigor 120 dias após a sua publicação.
(...)

Visto e aprovado em Conselho de Ministros de 29 de maio de 2014. – Pedro Passos Coelho – Maria Luís Casanova Morgado Dias de Albuquerque – Rui Manuel Parente Chancerelle de Machete – Paula Maria von Hafe Teixeira da Cruz – Luís Miguel Poiares Pessoa Maduro – António de Magalhães Pires de Lima – Jorge Manuel Lopes Moreira da Silva.

Promulgado em 1 de setembro de 2014.

Publique-se.

O Presidente da República, Aníbal Cavaco Silva.

Referendado em 2 de setembro de 2014.

O Primeiro-Ministro, Pedro Passos Coelho.

ANEXO

(a que se refere o artigo 10º) – Republicação do Decreto-Lei nº 555/99, de 16 de dezembro – REGIME JURÍDICO DA URBANIZAÇÃO E DA EDIFICAÇÃO

CAPÍTULO I
Disposições preliminares

ARTIGO 1º
Objeto

O presente diploma estabelece o regime jurídico da urbanização e da edificação.

ARTIGO 2º
Definições

Para efeitos do presente diploma, entende-se por:

a) «Edificação», a atividade ou o resultado da construção, reconstrução, ampliação, alteração ou conservação de um imóvel destinado a utilização humana, bem como de qualquer outra construção que se incorpore no solo com caráter de permanência;

b) «Obras de construção», as obras de criação de novas edificações;

c) «Obras de reconstrução», as obras de construção subsequentes à demolição, total ou parcial, de uma edificação existente, das quais resulte a reconstituição da estrutura das fachadas;

d) «Obras de alteração», as obras de que resulte a modificação das características físicas de uma edificação existente, ou sua fração, designadamente a respetiva estrutura resistente, o número de fogos ou divisões interiores, ou a natureza e cor dos materiais de revestimento exterior, sem aumento da área total de construção, da área de implantação ou da altura da fachada;

MAIS UMA ALTERAÇÃO AO REGIME JURÍDICO DA URBANIZAÇÃO E DA EDIFICAÇÃO

e) «Obras de ampliação», as obras de que resulte o aumento da área de implantação, da área total de construção, da altura da fachada ou do volume de uma edificação existente;

f) «Obras de conservação», as obras destinadas a manter uma edificação nas condições existentes à data da sua construção, reconstrução, ampliação ou alteração, designadamente as obras de restauro, reparação ou limpeza;

g) «Obras de demolição», as obras de destruição, total ou parcial, de uma edificação existente;

h) «Obras de urbanização», as obras de criação e remodelação de infraestruturas destinadas a servir diretamente os espaços urbanos ou as edificações, designadamente arruamentos viários e pedonais, redes de esgotos e de abastecimento de água, eletricidade, gás e telecomunicações, e ainda espaços verdes e outros espaços de utilização coletiva;

i) «Operações de loteamento», as ações que tenham por objeto ou por efeito a constituição de um ou mais lotes destinados, imediata ou subsequentemente, à edificação urbana e que resulte da divisão de um ou vários prédios ou do seu reparcelamento;

j) «Operações urbanísticas», as operações materiais de urbanização, de edificação, utilização dos edifícios ou do solo desde que, neste último caso, para fins não exclusivamente agrícolas, pecuários, florestais, mineiros ou de abastecimento público de água;

l) «Obras de escassa relevância urbanística», as obras de edificação ou demolição que, pela sua natureza, dimensão ou localização tenham escasso impacte urbanístico;

m) «Trabalhos de remodelação dos terrenos», as operações urbanísticas não compreendidas nas alíneas anteriores que impliquem a destruição do revestimento vegetal, a alteração do relevo natural e das camadas de solo arável ou o derrube de árvores de alto porte ou em maciço para fins não exclusivamente agrícolas, pecuários, florestais ou mineiros;

n) [Revogada];

o) «Zona urbana consolidada», a zona caracterizada por uma densidade de ocupação que permite identificar uma malha ou estrutura urbana já definida, onde existem as infraestruturas essenciais e onde se encontram definidos os alinhamentos dos planos marginais por edificações em continuidade.

ARTIGO 3º
Regulamentos municipais

1 – No exercício do seu poder regulamentar próprio, os municípios aprovam regulamentos municipais de urbanização e ou de edificação, bem como regu-

ANEXO

lamentos relativos ao lançamento e liquidação das taxas e prestação de caução que, nos termos da lei, sejam devidas pela realização de operações urbanísticas.

2 – Os regulamentos previstos no número anterior devem ter como objetivo a concretização e execução do presente diploma, designadamente:

a) Concretizar quais as obras de escassa relevância urbanística para efeitos de delimitação das situações isentas de controlo prévio;

b) Pormenorizar, sempre que possível, os aspetos que envolvam a formulação de valorações próprias do exercício da função administrativa, em especial os aspetos morfológicos e estéticos a que devem obedecer os projetos de urbanização e edificação, assim como as condições exigíveis para avaliar a idoneidade da utilização dos edifícios e suas frações;

c) Disciplinar os aspetos relativos ao projeto, execução, receção e conservação das obras e serviços de urbanização, podendo, em particular, estabelecer normas para o controlo da qualidade da execução e fixar critérios morfológicos e estéticos a que os projetos devam conformar-se;

d) Disciplinar os aspetos relativos à segurança, funcionalidade, economia, harmonia e equilíbrio socioambiental, estética, qualidade, conservação e utilização dos edifícios, suas frações e demais construções e instalações;

e) Fixar os critérios e trâmites do reconhecimento de que as edificações construídas se conformam com as regras em vigor à data da sua construção, assim como do licenciamento ou comunicação prévia de obras de reconstrução ou de alteração das edificações para efeitos da aplicação do regime da garantia das edificações existentes;

f) Fixar os montantes das taxas a cobrar;

g) Indicar a instituição e o número da conta bancária do município onde é possível efetuar o depósito dos montantes das taxas devidas, identificando o órgão à ordem do qual é efetuado o pagamento;

h) Condições a observar na execução de operações urbanísticas objeto de comunicação prévia;

i) Determinar quais os atos e operações que devem estar submetidos a discussão pública, designadamente, concretizar as operações de loteamento com significativa relevância urbanística e definir os termos do procedimento da sua discussão;

j) Regular outros aspetos relativos à urbanização e edificação cuja disciplina não esteja reservada por lei a instrumentos de gestão territorial.

3 – Os projetos dos regulamentos referidos no n.º 1 são submetidos a discussão pública, por prazo não inferior a 30 dias, antes da sua aprovação pelos órgãos municipais.

4 – Os regulamentos referidos no n.º 1 são objeto de publicação na 2.ª série do Diário da República, sem prejuízo das demais formas de publicidade previstas na lei.

CAPÍTULO II
Controlo prévio

SECÇÃO I
Âmbito e competência

ARTIGO 4º
Licença, comunicação prévia e autorização de utilização

1 – A realização de operações urbanísticas depende de licença, comunicação prévia com prazo, adiante designada abreviadamente por comunicação prévia ou comunicação, ou autorização de utilização, nos termos e com as exceções constantes da presente secção.

2 – Estão sujeitas a licença administrativa:

a) As operações de loteamento;

b) As obras de urbanização e os trabalhos de remodelação de terrenos em área não abrangida por operação de loteamento;

c) As obras de construção, de alteração ou de ampliação em área não abrangida por operação de loteamento ou por plano de pormenor;

d) As obras de conservação, reconstrução, ampliação, alteração ou demolição de imóveis classificados ou em vias de classificação, bem como de imóveis integrados em conjuntos ou sítios classificados ou em vias de classificação, e as obras de construção, reconstrução, ampliação, alteração exterior ou demolição de imóveis situados em zonas de proteção de imóveis classificados ou em vias de classificação;

e) Obras de reconstrução das quais resulte um aumento da altura da fachada ou do número de pisos;

f) As obras de demolição das edificações que não se encontrem previstas em licença de obras de reconstrução;

g) [Revogada];

h) As obras de construção, reconstrução, ampliação, alteração ou demolição de imóveis em áreas sujeitas a servidão administrativa ou restrição de utilidade pública, sem prejuízo do disposto em legislação especial;

i) As demais operações urbanísticas que não estejam sujeitas a comunicação prévia ou isentas de controlo prévio, nos termos do presente diploma.

3 – A sujeição a licenciamento dos atos de reparcelamento da propriedade de que resultem parcelas não destinadas imediatamente a urbanização ou edificação depende da vontade dos proprietários.

4 – Estão sujeitas a comunicação prévia as seguintes operações urbanísticas:

a) As obras de reconstrução das quais não resulte um aumento da altura da fachada ou do número de pisos;

b) As obras de urbanização e os trabalhos de remodelação de terrenos em área abrangida por operação de loteamento;

c) As obras de construção, de alteração ou de ampliação em área abrangida por operação de loteamento ou plano de pormenor;

d) As obras de construção, de alteração ou de ampliação em zona urbana consolidada que respeitem os planos municipais ou intermunicipais e das quais não resulte edificação com cércea superior à altura mais frequente das fachadas da frente edificada do lado do arruamento onde se integra a nova edificação, no troço de rua compreendido entre as duas transversais mais próximas, para um e para outro lado;

e) A edificação de piscinas associadas a edificação principal;

f) As operações urbanísticas precedidas de informação prévia favorável, nos termos dos nºs 2 e 3 do artigo 14º

g) [Revogada].

h) [Revogada].

5 – Está sujeita a autorização a utilização dos edifícios ou suas frações, bem como as alterações da utilização dos mesmos.

6 – Nas operações urbanísticas sujeitas a comunicação prévia pode o interessado, no requerimento inicial, optar pelo regime de licenciamento.

ARTIGO 5º
Competência

1 – A concessão da licença prevista no nº 2 do artigo anterior é da competência da câmara municipal, com faculdade de delegação no presidente e de subdelegação deste nos vereadores.

2 – *[Revogado].*

3 – A concessão da autorização prevista no nº 5 do artigo anterior é da competência do presidente da câmara, podendo ser delegada nos vereadores, com faculdade de subdelegação, ou nos dirigentes dos serviços municipais.

4 – A aprovação da informação prévia regulada no presente diploma é da competência da câmara municipal, podendo ser delegada no seu presidente, com faculdade de subdelegação nos vereadores.

ARTIGO 6º
Isenção de controlo prévio

1 – Sem prejuízo do disposto na alínea *d)* do nº 2 do artigo 4º, estão isentas de controlo prévio:

a) As obras de conservação;

b) As obras de alteração no interior de edifícios ou suas frações que não impliquem modificações na estrutura de estabilidade, das cérceas, da forma das fachadas e da forma dos telhados ou coberturas;

c) As obras de escassa relevância urbanística;

d) Os destaques referidos nos nºs 4 e 5 do presente artigo.

2 – *[Revogado]*.

3 – *[Revogado]*.

4 – Os atos que tenham por efeito o destaque de uma única parcela de prédio com descrição predial que se situe em perímetro urbano estão isentos de licença desde que as duas parcelas resultantes do destaque confrontem com arruamentos públicos.

5 – Nas áreas situadas fora dos perímetros urbanos, os atos a que se refere o número anterior estão isentos de licença quando, cumulativamente, se mostrem cumpridas as seguintes condições:

a) Na parcela destacada só seja construído edifício que se destine exclusivamente a fins habitacionais e que não tenha mais de dois fogos;

b) Na parcela restante se respeite a área mínima fixada no projeto de intervenção em espaço rural em vigor ou, quando aquele não exista, a área de unidade de cultura fixada nos termos da lei geral para a região respetiva.

6 – Nos casos referidos nos nºs 4 e 5 não é permitido efetuar na área correspondente ao prédio originário novo destaque nos termos aí referidos por um prazo de 10 anos contados da data do destaque anterior.

7 – O condicionamento da construção bem como o ónus do não fracionamento previstos nos nºs 5 e 6 devem ser inscritos no registo predial sobre as parcelas resultantes do destaque, sem o que não pode ser licenciada ou comunicada qualquer obra de construção nessas parcelas.

8 – O disposto no presente artigo não isenta a realização das operações urbanísticas nele previstas da observância das normas legais e regulamentares aplicáveis, designadamente as constantes de planos municipais, intermunicipais ou especiais de ordenamento do território, de servidões ou restrições de utilidade pública, as normas técnicas de construção, as de proteção do património cultural imóvel, e a obrigação de comunicação prévia nos termos do artigo 24º do Decreto-Lei nº 73/2009, de 31 de março, que estabelece o regime jurídico da Reserva Agrícola Nacional.

9 – A certidão emitida pela câmara municipal comprovativa da verificação dos requisitos do destaque constitui documento bastante para efeitos de registo predial da parcela destacada.

10 – Os atos que tenham por efeito o destaque de parcela com descrição predial que se situe em perímetro urbano e fora deste devem observar o disposto

ANEXO

nos nºs 4 ou 5, consoante a localização da parcela a destacar, ou, se também ela se situar em perímetro urbano e fora deste, consoante a localização da área maior.

ARTIGO 6º-A
Obras de escassa relevância urbanística

1 – São obras de escassa relevância urbanística:

a) As edificações, contíguas ou não, ao edifício principal com altura não superior a 2,2 m ou, em alternativa, à cércea do rés do chão do edifício principal com área igual ou inferior a 10 m² e que não confinem com a via pública;

b) A edificação de muros de vedação até 1,8 m de altura que não confinem com a via pública e de muros de suporte de terras até uma altura de 2 m ou que não alterem significativamente a topografia dos terrenos existentes;

c) A edificação de estufas de jardim com altura inferior a 3 m e área igual ou inferior a 20 m²;

d) As pequenas obras de arranjo e melhoramento da área envolvente das edificações que não afetem área do domínio público;

e) A edificação de equipamento lúdico ou de lazer associado a edificação principal com área inferior à desta última;

f) A demolição das edificações referidas nas alíneas anteriores;

g) A instalação de painéis solares fotovoltaicos ou geradores eólicos associada a edificação principal, para produção de energias renováveis, incluindo de microprodução, que não excedam, no primeiro caso, a área de cobertura da edificação e a cércea desta em 1 m de altura, e, no segundo, a cércea da mesma em 4 m e que o equipamento gerador não tenha raio superior a 1,5 m, bem como de coletores solares térmicos para aquecimento de águas sanitárias que não excedam os limites previstos para os painéis solares fotovoltaicos;

h) A substituição dos materiais de revestimento exterior ou de cobertura ou telhado por outros que, conferindo acabamento exterior idêntico ao original, promovam a eficiência energética;

i) Outras obras, como tal qualificadas em regulamento municipal.

2 – Excetuam-se do disposto no número anterior as obras e instalações em:
a) Imóveis classificados ou em vias de classificação, de interesse nacional ou de interesse público;

b) Imóveis situados em zonas de proteção de imóveis classificados ou em vias de classificação;

c) Imóveis integrados em conjuntos ou sítios classificados ou em vias de classificação.

3 – O regulamento municipal a que se refere a alínea *i)* do nº 1 pode estabelecer limites além dos previstos nas alíneas *a)* a *c)* do mesmo número.

MAIS UMA ALTERAÇÃO AO REGIME JURÍDICO DA URBANIZAÇÃO E DA EDIFICAÇÃO

4 – A descrição predial pode ser atualizada mediante declaração de realização de obras de escassa relevância urbanística nos termos do presente diploma.

5 – A instalação de geradores eólicos referida na alínea *g)* do nº 1 é precedida de notificação à câmara municipal.

6 – A notificação prevista no número anterior destina-se a dar conhecimento à câmara municipal da instalação do equipamento e deve ser instruída com:

a) A localização do equipamento;

b) A cércea e raio do equipamento;

c) O nível de ruído produzido pelo equipamento;

d) Termo de responsabilidade onde o apresentante da notificação declare conhecer e cumprir as normas legais e regulamentares aplicáveis à instalação de geradores eólicos.

ARTIGO 7º
Operações urbanísticas promovidas pela Administração Pública

1 – Estão igualmente isentas de controlo prévio:

a) As operações urbanísticas promovidas pelas autarquias locais e suas associações em área abrangida por plano municipal ou intermunicipal de ordenamento do território;

b) As operações urbanísticas promovidas pelo Estado relativas a equipamentos ou infraestruturas destinados à instalação de serviços públicos ou afetos ao uso direto e imediato do público, sem prejuízo do disposto no nº 4;

c) As obras de edificação ou demolição promovidas por institutos públicos ou entidades da Administração Pública que tenham por atribuições específicas a salvaguarda do património cultural ou a promoção e gestão do parque habitacional do Estado e que estejam diretamente relacionadas com a prossecução destas atribuições;

d) As obras de edificação ou demolição promovidas por entidades públicas que tenham por atribuições específicas a administração das áreas portuárias ou do domínio público ferroviário ou aeroportuário, quando realizadas na respetiva área de jurisdição e diretamente relacionadas com a prossecução daquelas atribuições;

e) As obras de edificação ou de demolição e os trabalhos promovidos por entidades concessionárias de obras ou serviços públicos, quando se reconduzam à prossecução do objeto da concessão;

f) As operações urbanísticas promovidas por empresas públicas relativamente a parques empresariais e similares, nomeadamente zonas empresariais responsáveis (ZER), zonas industriais e de logística.

2 – A execução das operações urbanísticas previstas no número anterior, com exceção das promovidas pelos municípios, fica sujeita a parecer prévio não vin-

ANEXO

culativo da câmara municipal, que deve ser emitido no prazo de 20 dias a contar da data da receção do respetivo pedido.

3 – As operações de loteamento e as obras de urbanização promovidas pelas autarquias locais e suas associações em área não abrangida por plano municipal ou intermunicipal de ordenamento do território devem ser previamente autorizadas pela assembleia municipal, depois de submetidas a parecer prévio não vinculativo da Comissão de Coordenação e Desenvolvimento Regional (CCDR), a qual deve pronunciar-se no prazo de 20 dias a contar da receção do respetivo pedido.

4 – As operações de loteamento e as obras de urbanização promovidas pelo Estado devem ser previamente autorizadas pelo ministro da tutela e pelo ministro responsável pelo ordenamento do território, depois de ouvida a câmara municipal, a qual se deve pronunciar no prazo de 20 dias após a receção do respetivo pedido.

5 – As operações de loteamento e as obras de urbanização promovidas pelas autarquias locais e suas associações ou pelo Estado, em área não abrangida por plano de urbanização ou plano de pormenor, são submetidas a discussão pública, nos termos estabelecidos no regime jurídico dos instrumentos de gestão territorial, com as necessárias adaptações, exceto no que se refere aos períodos de anúncio e de duração da discussão pública que são, respetivamente, de 8 e de 15 dias.

6 – A realização das operações urbanísticas previstas neste artigo deve observar as normas legais e regulamentares que lhes forem aplicáveis, designadamente as constantes de instrumento de gestão territorial, do regime jurídico de proteção do património cultural, do regime jurídico aplicável à gestão de resíduos de construção e demolição, e as normas técnicas de construção.

7 – À realização das operações urbanísticas previstas no presente artigo aplica--se o disposto no presente diploma no que se refere ao termo de responsabilidade, à publicitação do início e do fim das operações urbanísticas e ao pagamento de taxas urbanísticas, o qual deve ser realizado por autoliquidação antes do início da obra, nos termos previstos nos regulamentos municipais referidos no artigo 3º.

8 – As operações urbanísticas previstas no presente artigo só podem iniciar--se depois de emitidos os pareceres ou autorizações referidos no presente artigo ou após o decurso dos prazos fixados para a respetiva emissão.

9 – Até cinco dias antes do início das obras que estejam isentas de controlo prévio, nos termos do presente artigo, o interessado deve notificar a câmara municipal dessa intenção, comunicando também a identidade da pessoa, singular ou coletiva, encarregada da execução dos mesmos, para efeitos de eventual fiscalização e de operações de gestão de resíduos de construção e demolição.

SECÇÃO II
Formas de procedimento

SUBSECÇÃO I
Disposições gerais

ARTIGO 8º
Procedimento

1 – O controlo prévio das operações urbanísticas obedece às formas de procedimento previstas na presente secção, devendo ainda ser observadas as condições especiais de licenciamento previstas na secção III do presente capítulo.

2 – Sem prejuízo das competências do gestor de procedimento, a direção da instrução do procedimento compete ao presidente da câmara municipal, podendo ser delegada nos vereadores, com faculdade de subdelegação nos dirigentes dos serviços municipais.

3 – Cada procedimento é acompanhado por gestor de procedimento, a quem compete assegurar o normal desenvolvimento da tramitação processual, acompanhando, nomeadamente, a instrução, o cumprimento de prazos, a prestação de informação e os esclarecimentos aos interessados.

4 – O comprovativo eletrónico de apresentação do requerimento de licenciamento, informação prévia ou comunicação prévia contém a identificação do gestor do procedimento, bem como a indicação do local, do horário e da forma pelo qual pode ser contactado.

5 – Em caso de substituição do gestor de procedimento, é notificada ao interessado a identidade do novo gestor, bem como os elementos referidos no número anterior.

ARTIGO 8º-A
Tramitação do procedimento através de sistema eletrónico

1 – A tramitação dos procedimentos previstos no presente diploma é realizada informaticamente através de plataforma eletrónica, nos termos a regulamentar em portaria dos membros do Governo responsáveis pelas áreas da modernização administrativa, das autarquias locais e do ordenamento do território.

2 – A tramitação dos procedimentos previstos no presente diploma na plataforma eletrónica referida no número anterior permite, nos termos a fixar na portaria aí referida, nomeadamente:

a) A entrega de requerimentos e comunicações;

b) A consulta pelos interessados do estado dos procedimentos;

c) A submissão dos procedimentos a consulta por entidades externas ao município;

ANEXO

d) A obtenção de comprovativos automáticos de submissão de requerimentos e comunicações e de ocorrência de deferimento tácito, quando decorridos os respetivos prazos legais;

e) A disponibilização de informação relativa aos procedimentos de comunicação prévia para efeitos de registo predial e matricial.

3 – No caso de instalação ou alteração de estabelecimentos abrangidos pelo Decreto-Lei nº 48/2011, de 1 de abril, alterado pelo Decreto-Lei nº 141/2012, de 11 de julho, ou pelo Decreto-Lei nº 169/2012, de 1 de agosto, que envolvam operações urbanísticas sujeitas aos procedimentos previstos no artigo 4º do presente decreto-lei, tais procedimentos, bem como os documentos necessários à sua instrução, podem ser iniciados através do balcão eletrónico previsto nos referidos diplomas, adiante designado por «Balcão do Empreendedor».

4 – A integração da plataforma eletrónica referida no nº 1 com o balcão único eletrónico dos serviços a que se referem os artigos 5º e 6º do Decreto-Lei nº 92/2010, de 26 de julho, com o «Balcão do Empreendedor» e com todas as entidades externas com competências para intervir e se pronunciar no âmbito dos procedimentos regulados pelo presente diploma é regulada por portaria dos membros do Governo responsáveis pelas áreas da economia, da administração local, da modernização administrativa e do ordenamento do território, tendo em conta, na interoperabilidade com sistemas externos às integrações já presentes no SIRJUE, as plataformas já existentes na Administração Pública, nomeadamente a plataforma de interoperabilidade da administração pública e o previsto no regulamento nacional da interoperabilidade digital.

5 – A apresentação de requerimentos deve assegurar que o acesso à plataforma pelos seus utilizadores é feito mediante mecanismos de autenticação proporcional às operações em causa, havendo lugar a autenticação nos termos definidos na portaria referida no número anterior.

6 – Nas situações de inexistência ou indisponibilidade do sistema informático, os procedimentos podem decorrer com recurso a outros suportes digitais, ou com recurso ao papel.

7 – Nos casos previstos no número anterior, o processo administrativo ou os seus elementos entregues através de outros suportes digitais ou em papel são obrigatoriamente integrados no sistema informático pelos serviços requeridos, após a cessação da situação de inexistência ou indisponibilidade do sistema informático.

ARTIGO 9º
Requerimento e comunicação

1 – Salvo disposição em contrário, os procedimentos previstos no presente diploma iniciam-se através de requerimento ou comunicação apresentados com recurso a meios eletrónicos e através do sistema previsto no artigo anterior, diri-

MAIS UMA ALTERAÇÃO AO REGIME JURÍDICO DA URBANIZAÇÃO E DA EDIFICAÇÃO

gidos ao presidente da câmara municipal, dos quais devem constar a identificação do requerente ou comunicante, incluindo o domicílio ou sede, bem como a indicação da qualidade de titular de qualquer direito que lhe confira a faculdade de realizar a operação urbanística.

2 – Do requerimento ou comunicação consta igualmente a indicação do pedido ou objeto em termos claros e precisos, identificando o tipo de operação urbanística a realizar por referência ao disposto no artigo 2º, bem como a respetiva localização.

3 – Quando respeite a mais de um dos tipos de operações urbanísticas referidos no artigo 2º diretamente relacionadas, devem ser identificadas todas as operações abrangidas, aplicando-se neste caso a forma de procedimento correspondente a cada tipo de operação, sem prejuízo da tramitação e apreciação conjunta.

4 – O pedido ou comunicação é acompanhado dos elementos instrutórios previstos em portaria aprovada pelos ministros responsáveis pelas obras públicas e pelo ordenamento do território, para além dos documentos especialmente referidos no presente diploma.

5 - *[Revogado]*.

6 – Com a apresentação de requerimento ou comunicação, ou nas situações referidas no nº 6 do artigo anterior, quando cesse a inexistência ou indisponibilidade, é emitido comprovativo eletrónico.

7 – No requerimento inicial pode o interessado solicitar a indicação das entidades que, nos termos da lei, devam emitir parecer, autorização ou aprovação relativamente ao pedido apresentado, sendo-lhe prestada tal informação no prazo de 15 dias, através do sistema informático a que se refere o artigo anterior, sem prejuízo do disposto no artigo 121º

8 – O disposto no número anterior não se aplica nos casos de rejeição liminar do pedido, nos termos do disposto no artigo 11º

9 – O gestor do procedimento regista no processo a junção subsequente de quaisquer novos documentos e a data das consultas a entidades exteriores ao município e da receção das respetivas respostas, quando for caso disso, bem como a data e o teor das decisões dos órgãos municipais.

10 – A substituição do requerente ou comunicante, do titular do alvará de construção ou do título de registo emitidos pelo Instituto da Construção e do Imobiliário, I. P. (InCI, I. P.), do responsável por qualquer dos projetos apresentados, do diretor de obra ou do diretor de fiscalização de obra deve ser comunicada ao gestor do procedimento para que este proceda ao respetivo averbamento no prazo de 15 dias a contar da data da substituição.

11 – Cabe ao gestor do procedimento verificar a adequação das habilitações do titular do alvará de construção ou do título de registo emitidos pelo InCI, I. P., à natureza e à estimativa de custo da operação urbanística.

ANEXO

ARTIGO 10º
Termo de responsabilidade

1 – O requerimento ou comunicação é sempre instruído com declaração dos autores dos projetos, da qual conste que foram observadas na elaboração dos mesmos as normas legais e regulamentares aplicáveis, designadamente as normas técnicas de construção em vigor, e do coordenador dos projetos, que ateste a compatibilidade entre os mesmos.

2 – Das declarações mencionadas no número anterior deve, ainda, constar referência à conformidade do projeto com os planos municipais ou intermunicipais de ordenamento do território aplicáveis à pretensão, bem como com a licença de loteamento, quando exista.

3 – Sem prejuízo do disposto no número seguinte e em legislação especial, só podem subscrever projetos os técnicos legalmente habilitados que se encontrem inscritos em associação pública de natureza profissional e que façam prova da validade da sua inscrição aquando da apresentação do requerimento inicial.

4 – Os técnicos cuja atividade não esteja abrangida por associação pública podem subscrever os projetos para os quais possuam habilitação adequada, nos termos do disposto no regime da qualificação profissional exigível aos técnicos responsáveis pela elaboração e subscrição de projetos ou em legislação especial relativa a organismo público legalmente reconhecido.

5 – Os autores e coordenador dos projetos devem declarar, nomeadamente nas situações previstas no artigo 60º, quais as normas técnicas ou regulamentares em vigor que não foram observadas na elaboração dos mesmos, fundamentando as razões da sua não observância.

6 – Sempre que forem detetadas irregularidades nos termos de responsabilidade, no que respeita às normas legais e regulamentares aplicáveis e à conformidade do projeto com os planos municipais ou intermunicipais de ordenamento do território ou licença de loteamento, quando exista, devem as mesmas ser comunicadas à associação pública de natureza profissional onde o técnico está inscrito ou ao organismo público legalmente reconhecido no caso dos técnicos cuja atividade não esteja abrangida por associação pública.

ARTIGO 11º
Saneamento e apreciação liminar

1 – Compete ao presidente da câmara municipal, por sua iniciativa ou por indicação do gestor do procedimento, decidir as questões de ordem formal e processual que possam obstar ao conhecimento de qualquer pedido ou comunicação apresentados no âmbito do presente diploma.

2 – No prazo de oito dias a contar da apresentação do requerimento, o presidente da câmara municipal profere despacho:

a) De aperfeiçoamento do pedido, sempre que o requerimento não contenha a identificação do requerente, do pedido ou da localização da operação urbanística a realizar, bem como no caso de faltar documento instrutório exigível que seja indispensável ao conhecimento da pretensão e cuja falta não possa ser oficiosamente suprida;

b) De rejeição liminar, oficiosamente ou por indicação do gestor do procedimento, quando da análise dos elementos instrutórios resultar que o pedido é manifestamente contrário às normas legais ou regulamentares aplicáveis;

c) De extinção do procedimento, nos casos em que a operação urbanística em causa está isenta de controlo prévio ou sujeita a comunicação prévia exceto se o interessado estiver a exercer a faculdade prevista no nº 6 do artigo 4º

3 – No caso previsto na alínea *a)* do número anterior, o requerente é notificado, por uma única vez, para no prazo de 15 dias corrigir ou completar o pedido, ficando suspensos os termos ulteriores do procedimento, sob pena de rejeição liminar.

4 – *[Revogado].*

5 – Não ocorrendo rejeição liminar ou convite para corrigir ou completar o pedido ou comunicação, no prazo previsto no nº 2, presume-se que o requerimento ou comunicação se encontram corretamente instruídos.

6 – Sem prejuízo do disposto nos números anteriores, o gestor do procedimento deve dar a conhecer ao presidente da câmara municipal, até à decisão final, qualquer questão que prejudique o desenvolvimento normal do procedimento ou impeça a tomada de decisão sobre o objeto do pedido, nomeadamente a ilegitimidade do requerente e a caducidade do direito que se pretende exercer.

7 – Salvo no que respeita às consultas a que se refere o artigo 13º, se a decisão final depender da decisão de uma questão que seja da competência de outro órgão administrativo ou dos tribunais, deve o presidente da câmara municipal suspender o procedimento até que o órgão ou o tribunal competente se pronunciem, notificando o requerente desse ato, sem prejuízo do disposto no nº 2 do artigo 31º do Código do Procedimento Administrativo.

8 – Sem prejuízo do disposto no número anterior, o interessado pode requerer a continuação do procedimento em alternativa à suspensão, ficando a decisão final condicionada, na sua execução, à decisão que vier a ser proferida pelo órgão administrativo ou tribunal competente.

9 – Havendo rejeição do pedido ou comunicação, nos termos do presente artigo, o interessado que apresente novo pedido ou comunicação para o mesmo fim está dispensado de juntar os documentos utilizados anteriormente que se mantenham válidos e adequados.

ANEXO

10 – O presidente da câmara municipal pode delegar nos vereadores, com faculdade de subdelegação, ou nos dirigentes dos serviços municipais, as competências referidas nos nºs 1, 2 e 7.

11 – *[Revogado].*

ARTIGO 12º
Publicidade do pedido

O pedido de licenciamento ou a comunicação prévia de operação urbanística devem ser publicitados sob forma de aviso, segundo o modelo aprovado por portaria do membro do Governo responsável pelo ordenamento do território, a colocar no local de execução da operação de forma visível da via pública, no prazo de 10 dias a contar da apresentação do requerimento inicial ou comunicação.

ARTIGO 12º-A
Suspensão do procedimento

Nas áreas a abranger por novas regras urbanísticas constantes de instrumento de gestão territorial diretamente vinculativo dos particulares ou sua revisão, aplica-se o disposto no regime jurídico dos instrumentos de gestão territorial em matéria de suspensão de procedimentos.

ARTIGO 13º
Disposições gerais sobre a consulta a entidades externas

1 – A consulta às entidades que, nos termos da lei, devam emitir parecer, autorização ou aprovação sobre o pedido, que não respeitem a aspetos relacionados com a localização, é promovida pelo gestor do procedimento, e é efetuada em simultâneo, através da plataforma eletrónica referida no nº 1 do artigo 8º-A.

2 – É dispensada a consulta a entidades externas em procedimentos relativos a operações urbanísticas que já tenham sido objeto de apreciação favorável no âmbito do procedimento de informação prévia, de aprovação de operações de loteamento urbano ou de aprovação de planos de pormenor, com exceção dos planos de salvaguarda que estabeleçam a necessidade dessa consulta.

3 – Nos casos previstos no artigo seguinte, o gestor do procedimento comunica o pedido, com a identificação das entidades a consultar, à CCDR.

4 – As entidades exteriores ao município pronunciam-se exclusivamente no âmbito das suas atribuições e competências.

5 – As entidades consultadas devem pronunciar-se no prazo de 20 dias a contar da data de disponibilização do processo.

6 – Considera-se haver concordância daquelas entidades com a pretensão formulada se os respetivos pareceres, autorizações ou aprovações não forem recebidos dentro do prazo fixado no número anterior.

7 – Os pareceres das entidades exteriores ao município só têm caráter vinculativo quando tal resulte da lei, desde que se fundamentem em condicionamentos legais ou regulamentares e sejam recebidos dentro do prazo previsto no nº 5.

8 – Constam de diploma próprio os projetos, estudos e certificações técnicas que carecem de consulta, de aprovação ou de parecer, interno ou externo, bem como as condições a que deve obedecer a sua elaboração.

9 – Os projetos de arquitetura e os de especialidades, bem como os pedidos de autorização de utilização, quando acompanhados por termo de responsabilidade subscrito por técnico autor de projeto legalmente habilitado nos termos da lei da qualificação profissional exigível aos técnicos responsáveis pela elaboração e subscrição de projetos, fiscalização de obra e direção de obra que ateste o cumprimento das normas legais e regulamentares aplicáveis, incluindo a menção a plano municipal ou intermunicipal de ordenamento do território em vigor ou licença de loteamento, ficam dispensados da apresentação na câmara municipal de consultas, certificações, aprovações ou pareceres externos, sem prejuízo da necessidade da sua obtenção quando legalmente prevista.

10 – A realização de vistoria, certificação, aprovação ou parecer, pelo município ou por entidade exterior, sobre a conformidade da execução dos projetos das especialidades e outros estudos com o projeto aprovado ou apresentado é dispensada mediante emissão de termo de responsabilidade por técnico legalmente habilitado para esse efeito, de acordo com o respetivo regime legal, que ateste essa conformidade.

11 – O disposto no número anterior não se aplica às especialidades de eletricidade e de gás que são reguladas por legislação especial que assegure a segurança das instalações.

12 – No termo do prazo fixado para a promoção das consultas, o interessado pode solicitar a passagem de certidão dessa promoção, a qual é emitida pela câmara municipal no prazo de oito dias e, se esta for negativa, promover diretamente as consultas que não hajam sido realizadas, nos termos do artigo 13º-B, ou pedir ao tribunal administrativo que intime a câmara municipal, nos termos do artigo 112º

13 – Para efeitos do número anterior, e nos termos a regulamentar na portaria a que se refere o nº 4 do artigo 8º-A, o interessado pode:

a) Obter comprovativo eletrónico da promoção ou não promoção da consulta das entidades externas pela câmara municipal;

b) Promover diretamente a consulta das entidades externas.

ANEXO

ARTIGO 13º-A
Parecer, aprovação ou autorização em razão da localização

1 – A consulta de entidades da administração central, direta ou indireta, do setor empresarial do Estado, bem como de entidades concessionárias que exerçam poderes de autoridade, que se devam pronunciar sobre a operação urbanística em razão da localização, é efetuada através de uma única entidade coordenadora, a CCDR territorialmente competente, a qual emite uma decisão global e vinculativa de toda a administração.

2 – A CCDR identifica, no prazo de cinco dias a contar da receção dos elementos através do sistema previsto no artigo 8º-A, as entidades que nos termos da lei devam emitir parecer, aprovação ou autorização de localização, promovendo dentro daquele prazo a respetiva consulta, a efetivar em simultâneo e com recurso ao referido sistema informático.

3 – As entidades consultadas devem pronunciar-se no prazo de 20 dias, sendo este prazo imperativo.

4 - *[Revogado]*.

5 – Os prazos referidos nos números anteriores suspendem-se, por uma única vez, nas seguintes situações:

a) Quando as entidades consultadas verificarem que existem omissões ou irregularidades no requerimento e nos elementos instrutórios cuja junção é obrigatória e requererem à CCDR, no prazo de 8 dias, que convide o requerente a supri-las, no prazo de 15 dias, retomando o seu curso com a receção pela entidade consultada dos elementos adicionais solicitados ou com o indeferimento do requerimento de aperfeiçoamento pela CCDR;

b) Quando as entidades consultadas estejam, por força de compromissos assumidos no âmbito de tratados internacionais, ou de obrigação decorrente da legislação comunitária, sujeitas à obtenção de parecer prévio de entidade sediada fora do território nacional, devendo essa circunstância ser comunicada à CCDR e não podendo a suspensão ter uma duração superior a 20 dias.

6 – Caso não existam posições divergentes entre as entidades consultadas, a CCDR toma a decisão final no prazo de cinco dias a contar do fim do prazo previsto no número anterior.

7 – Caso existam pareceres negativos das entidades consultadas, a CCDR promove uma reunião, preferencialmente por videoconferência, a realizar no prazo de 10 dias a contar do último parecer recebido dentro do prazo fixado nos termos do nº 4, com todas as entidades e com o requerente, tendo em vista obter uma solução concertada que permita ultrapassar as objeções formuladas, e toma decisão final vinculativa no prazo de 10 dias.

8 – Na conferência decisória referida no número anterior, as entidades consultadas são representadas por pessoas com poderes para as vincular.

9 – Não sendo possível obter a posição de todas as entidades, por motivo de falta de comparência de algum representante ou por ter sido submetida a apreciação alguma questão nova, os trabalhos da conferência podem ser suspensos por um período máximo de cinco dias.

10 – Quando a CCDR não adote posição favorável a uma operação urbanística por esta ser desconforme com instrumento de gestão territorial, pode a CCDR, quando a operação se revista de especial relevância regional ou local, por sua iniciativa ou a solicitação do município, respetivamente, propor ao Governo a aprovação em resolução do Conselho de Ministros da alteração, suspensão ou ratificação, total ou parcial, de plano da sua competência relativamente ao qual a desconformidade se verifica.

11 – Quando a decisão seja proferida em conferência decisória, os pareceres emitidos têm natureza não vinculativa, independentemente da sua classificação em legislação especial.

12 – O procedimento de decisão da administração central previsto nos números anteriores é objeto de portaria dos membros do Governo responsáveis pelo ordenamento do território e pela administração local.

13 – A CCDR comunica ao município a decisão da conferência decisória no prazo de cinco dias após a sua realização.

14 – Caso a CCDR não cumpra o prazo previsto no número anterior, considera-se que as consultas tiveram um sentido favorável.

ARTIGO 13º-B
Consultas prévias

1 – Sem prejuízo do disposto no número seguinte, o interessado na consulta a entidades externas pode solicitar previamente os pareceres, autorizações ou aprovações legalmente exigidos junto das entidades competentes, entregando-os com o requerimento inicial, caso em que não há lugar a nova consulta desde que, até à data da apresentação de tal pedido ou comunicação na câmara municipal, não haja decorrido mais de dois anos desde a emissão dos pareceres, autorizações ou aprovações emitidos ou desde que, caso tenha sido esgotado este prazo, não se tenham verificado alterações dos pressupostos de facto ou de direito em que os mesmos se basearam.

2 – As comunicações prévias de operações urbanísticas são sempre precedidas das consultas às entidades externas a que haja lugar.

3 – Para os efeitos dos números anteriores, na falta de pronúncia da entidade consultada no prazo legal, o requerimento inicial ou a comunicação prévia podem ser instruídos com prova da solicitação das consultas e declaração do requerente ou comunicante de que os mesmos não foram emitidos dentro daquele prazo.

ANEXO

4 – Nos procedimentos de controlo prévio, com exceção das comunicações prévias, não tendo o interessado promovido todas as consultas necessárias, o gestor do procedimento promove as consultas a que haja lugar, de acordo com o previsto no artigo 13º

5 – A utilização da plataforma eletrónica referida no nº 1 do artigo 8º-A pelo interessado para os efeitos previstos no nº 1 faz-se em termos a regulamentar na portaria a que se refere o mesmo número.

SUBSECÇÃO II
Informação prévia

ARTIGO 14º
Pedido de informação prévia

1 – Qualquer interessado pode pedir à câmara municipal, a título prévio, informação sobre a viabilidade de realizar determinada operação urbanística ou conjunto de operações urbanísticas diretamente relacionadas, bem como sobre os respetivos condicionamentos legais ou regulamentares, nomeadamente relativos a infraestruturas, servidões administrativas e restrições de utilidade pública, índices urbanísticos, cérceas, afastamentos e demais condicionantes aplicáveis à pretensão.

2 – O interessado pode, em qualquer circunstância, designadamente quando o pedido respeite a operação de loteamento em área não abrangida por plano de pormenor, ou a obra de construção, ampliação ou alteração em área não abrangida por plano de pormenor ou operação de loteamento, requerer que a informação prévia contemple especificamente os seguintes aspetos, em função da informação pretendida e dos elementos apresentados:

a) A volumetria, alinhamento, cércea e implantação da edificação e dos muros de vedação;

b) Projeto de arquitetura e memória descritiva;

c) Programa de utilização das edificações, incluindo a área total de construção a afetar aos diversos usos e o número de fogos e outras unidades de utilização, com identificação das áreas acessórias, técnicas e de serviço;

d) Infraestruturas locais e ligação às infraestruturas gerais;

e) Estimativa de encargos urbanísticos devidos;

f) Áreas de cedência destinadas à implantação de espaços verdes, equipamentos de utilização coletiva e infraestruturas viárias.

3 – Quando o interessado não seja o proprietário do prédio, o pedido de informação prévia inclui a identificação daquele bem como dos titulares de qualquer outro direito real sobre o prédio, através de certidão emitida pela conservatória do registo predial.

MAIS UMA ALTERAÇÃO AO REGIME JURÍDICO DA URBANIZAÇÃO E DA EDIFICAÇÃO

4 – No caso previsto no número anterior, a câmara municipal deve notificar o proprietário e os demais titulares de qualquer outro direito real sobre o prédio da abertura do procedimento.

ARTIGO 15º
Consultas no âmbito do procedimento de informação prévia

1 – No âmbito do procedimento de informação prévia há lugar a consultas externas, nos termos dos artigos 13º a 13º-B, às entidades cujos pareceres, autorizações ou aprovações condicionem, nos termos da lei, a informação a prestar, sempre que tal consulta seja exigível num eventual pedido de licenciamento ou com a apresentação de comunicação prévia.

2 – A pronúncia das entidades referidas no número anterior não incide sobre avaliação de impacte ambiental.

ARTIGO 16º
Deliberação

1 – A câmara municipal delibera sobre o pedido de informação prévia no prazo de 20 dias ou, no caso previsto no nº 2 do artigo 14º, no prazo de 30 dias contados a partir:

a) Da data da receção do pedido ou dos elementos solicitados nos termos do nº 3 do artigo 11º; ou

b) Da data da receção do último dos pareceres, autorizações ou aprovações emitidos pelas entidades exteriores ao município, quando tenha havido lugar a consultas; ou ainda

c) Do termo do prazo para a receção dos pareceres, autorizações ou aprovações, sempre que alguma das entidades consultadas não se pronuncie até essa data.

2 – Os pareceres, autorizações ou aprovações emitidos pelas entidades exteriores ao município são obrigatoriamente notificados ao requerente juntamente com a informação prévia aprovada pela câmara municipal, dela fazendo parte integrante.

3 – A câmara municipal indica sempre, na informação favorável, o procedimento de controlo prévio a que se encontra sujeita a realização da operação urbanística projetada, de acordo com o disposto na secção I do capítulo II do presente diploma.

4 – No caso de a informação ser desfavorável, dela deve constar a indicação dos termos em que a mesma, sempre que possível, pode ser revista por forma a serem cumpridas as prescrições urbanísticas aplicáveis, designadamente as constantes de plano municipal ou intermunicipal de ordenamento do território ou de operação de loteamento.

ANEXO

ARTIGO 17º
Efeitos

1 – A informação prévia favorável vincula as entidades competentes na decisão sobre um eventual pedido de licenciamento e no controlo sucessivo de operações urbanísticas sujeitas a comunicação prévia.

2 – Quando seja proferida nos termos dos nºs 2 e 3 do artigo 14º, ou respeite a área sujeita a plano de pormenor ou a operação de loteamento, tem por efeito a sujeição da operação urbanística em causa ao regime da comunicação prévia, a efetuar nos exatos termos em que foi apreciada, e dispensa a realização de novas consultas externas.

3 – O pedido de licenciamento ou a apresentação de comunicação prévia a que se refere o número anterior deve ser efetuado no prazo de um ano após a decisão favorável do pedido de informação prévia e é sempre acompanhado de declaração dos autores e coordenador dos projetos de que aquela respeita os limites constantes da informação prévia favorável.

4 – Decorrido o prazo fixado no número anterior, o particular pode requerer ao presidente da câmara a declaração de que se mantêm os pressupostos de facto e de direito que levaram à anterior decisão favorável, devendo o mesmo decidir no prazo de 20 dias e correndo novo prazo de um ano para efetuar a apresentação dos pedidos de licenciamento ou de comunicação prévia se os pressupostos se mantiverem ou se o presidente da câmara municipal não tiver respondido no prazo legalmente previsto.

5 – Não se suspendem os procedimentos de licenciamento ou comunicação prévia requeridos ou apresentados com suporte em informação prévia nas áreas a abranger por novas regras urbanísticas, constantes de plano municipal, intermunicipal ou especial de ordenamento do território ou sua revisão, a partir da data fixada para o início da discussão pública e até à data da entrada em vigor daquele instrumento.

SUBSECÇÃO III
Licença

ARTIGO 18º
Âmbito

1 – Obedece ao procedimento regulado na presente subsecção a apreciação dos pedidos relativos às operações urbanísticas previstas no nº 2 do artigo 4º

2 – *[Revogado]*.

133

ARTIGO 19º

[Revogado].

ARTIGO 20º
Apreciação dos projetos de obras de edificação

1 – A apreciação do projeto de arquitetura, no caso de pedido de licenciamento relativo a obras previstas nas alíneas *c)* a *f)* do nº 2 do artigo 4º, incide sobre a sua conformidade com planos municipais ou intermunicipais de ordenamento no território, planos especiais de ordenamento do território, medidas preventivas, área de desenvolvimento urbano prioritário, área de construção prioritária, servidões administrativas, restrições de utilidade pública e quaisquer outras normas legais e regulamentares relativas ao aspeto exterior e a inserção urbana e paisagística das edificações, bem como sobre o uso proposto.

2 – Para os efeitos do número anterior, a apreciação da inserção urbana das edificações é efetuada na perspetiva formal e funcional, tendo em atenção o edificado existente, bem como o espaço público envolvente e as infraestruturas existentes e previstas.

3 – A câmara municipal delibera sobre o projeto de arquitetura no prazo de 30 dias contado a partir:

a) Da data da receção do pedido ou dos elementos solicitados nos termos do nº 3 do artigo 11º; ou

b) Da data da receção do último dos pareceres, autorizações ou aprovações emitidos pelas entidades exteriores ao município, quando tenha havido lugar a consultas; ou ainda

c) Do termo do prazo para a receção dos pareceres, autorizações ou aprovações, sempre que alguma das entidades consultadas não se pronuncie até essa data.

4 – O interessado deve apresentar os projetos das especialidades e outros estudos necessários à execução da obra no prazo de seis meses a contar da notificação do ato que aprovou o projeto de arquitetura caso não tenha apresentado tais projetos com o requerimento inicial.

5 – O presidente da câmara pode prorrogar o prazo referido no número anterior, por uma só vez e por período não superior a três meses, mediante requerimento fundamentado apresentado antes do respetivo termo.

6 – A falta de apresentação dos projetos das especialidades e outros estudos no prazo estabelecido no nº 4 ou naquele que resultar da prorrogação concedida nos termos do número anterior implica a suspensão do processo de licenciamento pelo período máximo de seis meses, findo o qual é declarada a caducidade após audiência prévia do interessado.

7 – *[Revogado].*

8 – As declarações de responsabilidade dos autores dos projetos de arquitetura, no que respeita aos aspetos interiores das edificações, bem como dos autores dos projetos das especialidades e de outros estudos nos termos do nº 4 do artigo 10º, constituem garantia bastante do cumprimento das normas legais e regulamentares aplicáveis, excluindo a sua apreciação prévia, salvo quando as declarações sejam formuladas nos termos do nº 5 do artigo 10º

ARTIGO 21º
Apreciação dos projetos de loteamento, de obras de urbanização e trabalhos de remodelação de terrenos

A apreciação dos projetos de loteamento, obras de urbanização e dos trabalhos de remodelação de terrenos pela câmara municipal incide sobre a sua conformidade com planos municipais ou intermunicipais de ordenamento do território, planos especiais de ordenamento do território, medidas preventivas, área de desenvolvimento urbano prioritário, área de construção prioritária, servidões administrativas, restrições de utilidade pública e quaisquer outras normas legais e regulamentares aplicáveis, bem como sobre o uso e a integração urbana e paisagística.

ARTIGO 22º
Consulta pública

1 – Os municípios podem determinar, através de regulamento municipal, a prévia sujeição a discussão pública do licenciamento de operações de loteamento com significativa relevância urbanística.

2 – A consulta prevista no número anterior tem sempre lugar quando a operação de loteamento exceda algum dos seguintes limites:

a) 4 ha;

b) 100 fogos;

c) 10 % da população do aglomerado urbano em que se insere a pretensão.

ARTIGO 23º
Deliberação final

1 – A câmara municipal delibera sobre o pedido de licenciamento:

a) No prazo de 45 dias, no caso de operação de loteamento;

b) No prazo de 30 dias, no caso de obras de urbanização;

c) No prazo de 45 dias, no caso de obras previstas nas alíneas *c)* a *f)* do nº 2 do artigo 4º

d) [Revogada].

2 – *[Revogado].*

3 – Os prazos previstos nas alíneas *a)* e *b)* do nº 1 contam-se a partir:

a) Da data da receção do pedido ou dos elementos solicitados nos termos do nº 3 do artigo 11º;

b) Da data da receção do último dos pareceres, autorizações ou aprovações emitidos pelas entidades exteriores ao município, quando tenha havido lugar a consultas; ou ainda

c) Do termo do prazo para a receção dos pareceres, autorizações ou aprovações, sempre que alguma das entidades consultadas não se pronuncie até essa data.

4 – O prazo previsto na alínea *c)* do nº 1 conta-se:

a) Da data da apresentação dos projetos das especialidades e outros estudos ou da data da aprovação do projeto de arquitetura se o interessado os tiver apresentado juntamente com o requerimento inicial; ou

b) Quando haja lugar a consulta de entidades externas, a partir da data da receção do último dos pareceres, autorizações ou aprovações; ou ainda

c) Do termo do prazo para a receção dos pareceres, autorizações ou aprovações, sempre que alguma das entidades consultadas não se pronuncie até essa data.

5 – Quando o pedido de licenciamento de obras de urbanização seja apresentado em simultâneo com o pedido de licenciamento de operação de loteamento, o prazo previsto na alínea *b)* do nº 1 conta-se a partir da deliberação que aprove o pedido de loteamento.

6 – No caso das obras previstas nas alíneas *c)* a *e)* do nº 2 do artigo 4º, a câmara municipal pode, a requerimento do interessado, aprovar uma licença parcial para construção da estrutura, imediatamente após a entrega de todos os projetos das especialidades e outros estudos e desde que se mostrem aprovado o projeto de arquitetura e prestada caução para demolição da estrutura até ao piso de menor cota em caso de indeferimento.

7 – Nos casos referidos no número anterior, o deferimento do pedido de licença parcial dá lugar à emissão de alvará.

ARTIGO 24º
Indeferimento do pedido de licenciamento

1 – O pedido de licenciamento é indeferido quando:

a) Violar plano municipal e intermunicipal de ordenamento do território, plano especial de ordenamento do território, medidas preventivas, área de desenvolvimento urbano prioritário, área de construção prioritária, servidão administrativa, restrição de utilidade pública ou quaisquer outras normas legais e regulamentares aplicáveis;

b) Existir declaração de utilidade pública para efeitos de expropriação que abranja o prédio objeto do pedido de licenciamento, salvo se tal declaração tiver por fim a realização da própria operação urbanística;

c) Tiver sido objeto de parecer negativo ou recusa de aprovação ou autorização de qualquer entidade consultada nos termos do presente diploma cuja decisão seja vinculativa para os órgãos municipais.

2 – Quando o pedido de licenciamento tiver por objeto a realização das operações urbanísticas referidas nas alíneas *a)* a *e)* do nº 2 do artigo 4º, o indeferimento pode ainda ter lugar com fundamento em:

a) A operação urbanística afetar negativamente o património arqueológico, histórico, cultural ou paisagístico, natural ou edificado;

b) A operação urbanística constituir, comprovadamente, uma sobrecarga incomportável para as infraestruturas ou serviços gerais existentes ou implicar, para o município, a construção ou manutenção de equipamentos, a realização de trabalhos ou a prestação de serviços por este não previstos, designadamente quanto a arruamentos e redes de abastecimento de água, de energia elétrica ou de saneamento.

3 – *[Revogado]*.

4 – Quando o pedido de licenciamento tiver por objeto a realização das obras referidas nas alíneas *c)* e *d)* do nº 2 do artigo 4º, pode ainda ser indeferido quando a obra seja suscetível de manifestamente afetar o acesso e a utilização de imóveis classificados de interesse nacional ou interesse público, a estética das povoações, a sua adequada inserção no ambiente urbano ou a beleza das paisagens, designadamente em resultado da desconformidade com as cérceas dominantes, a volumetria das edificações e outras prescrições expressamente previstas em regulamento.

5 – O pedido de licenciamento das obras referidas na alínea *c)* do nº 2 do artigo 4º deve ser indeferido na ausência de arruamentos ou de infraestruturas de abastecimento de água e saneamento ou se a obra projetada constituir, comprovadamente, uma sobrecarga incomportável para as infraestruturas existentes.

6 – *[Revogado]*.

ARTIGO 25º
Reapreciação do pedido

1 – Quando exista projeto de decisão de indeferimento com os fundamentos referidos na alínea *b)* do nº 2 e no nº 5 do artigo anterior, pode haver deferimento do pedido desde que o requerente, na audiência prévia, se comprometa a realizar os trabalhos necessários ou a assumir os encargos inerentes à sua execução, bem como os encargos de funcionamento das infraestruturas por um período mínimo de 10 anos.

2 – *[Revogado]*.

3 – Em caso de deferimento nos termos do nº 1, o requerente deve, antes da emissão do alvará, celebrar com a câmara municipal contrato relativo ao cum-

MAIS UMA ALTERAÇÃO AO REGIME JURÍDICO DA URBANIZAÇÃO E DA EDIFICAÇÃO

primento das obrigações assumidas e prestar caução adequada, beneficiando de redução proporcional ou isenção das taxas por realização de infraestruturas urbanísticas, nos termos a fixar em regulamento municipal.

4 – A prestação da caução referida no número anterior bem como a execução ou manutenção das obras de urbanização que o interessado se compromete a realizar ou a câmara municipal entenda indispensáveis devem ser mencionadas expressamente como condição do deferimento do pedido.

5 – À prestação da caução referida no nº 3 aplica-se, com as necessárias adaptações, o disposto no artigo 54º

6 – Os encargos a suportar pelo requerente ao abrigo do contrato referido no nº 3 devem ser proporcionais à sobrecarga para as infraestruturas existentes resultante da operação urbanística.

ARTIGO 26º
Licença

A deliberação final de deferimento do pedido de licenciamento consubstancia a licença para a realização da operação urbanística.

ARTIGO 27º
Alterações à licença

1 – A requerimento do interessado, podem ser alterados os termos e condições da licença.

2 – A alteração da licença de operação de loteamento é precedida de consulta pública quando a mesma esteja prevista em regulamento municipal ou quando sejam ultrapassados alguns dos limites previstos no nº 2 do artigo 22º

3 – Sem prejuízo do disposto no artigo 48º, a alteração da licença de operação de loteamento não pode ser aprovada se ocorrer oposição escrita dos titulares da maioria da área dos lotes constantes do alvará, devendo, para o efeito, o gestor de procedimento proceder à sua notificação para pronúncia no prazo de 10 dias.

4 – A alteração à licença obedece ao procedimento estabelecido na presente subsecção, com as especialidades constantes dos números seguintes.

5 – É dispensada a consulta às entidades exteriores ao município desde que o pedido de alteração se conforme com os pressupostos de facto e de direito dos pareceres, autorizações ou aprovações que hajam sido emitidos no procedimento.

6 – No procedimento de alteração são utilizados os documentos constantes do processo que se mantenham válidos e adequados, promovendo a câmara municipal, quando necessário, a atualização dos mesmos.

7 – A alteração da licença dá lugar a aditamento ao alvará, que, no caso de operação de loteamento, deve ser comunicado oficiosamente à conservatória do

registo predial competente para efeitos de averbamento, contendo a comunicação os elementos em que se traduz a alteração.

8 – As alterações à licença de loteamento, com ou sem variação do número de lotes, que se traduzam na variação das áreas de implantação, de construção ou variação do número de fogos até 3 %, desde que observem os parâmetros urbanísticos ou utilizações constantes de plano municipal ou intermunicipal de ordenamento do território, são aprovadas por simples deliberação da câmara municipal, com dispensa de quaisquer outras formalidades, sem prejuízo das demais disposições legais e regulamentares aplicáveis.

9 – Excetuam-se do disposto nos nºs 3 a 6 as alterações às condições da licença que se refiram ao prazo de conclusão das operações urbanísticas licenciadas ou ao montante da caução para garantia das obras de urbanização, que se regem pelos artigos 53º, 54º e 58º

SUBSECÇÃO IV
Autorização

ARTIGO 28º

[Revogado].

ARTIGO 29º

[Revogado].

ARTIGO 30º

[Revogado].

ARTIGO 31º

[Revogado].

ARTIGO 32º

[Revogado].

ARTIGO 33º

[Revogado].

SUBSECÇÃO V
Comunicação prévia

ARTIGO 34º
Âmbito

1 – Obedece ao procedimento regulado na presente subsecção a realização das operações urbanísticas referidas no nº 4 do artigo 4º

2 – A comunicação prévia consiste numa declaração que, desde que corretamente instruída, permite ao interessado proceder imediatamente à realização de determinadas operações urbanísticas após o pagamento das taxas devidas, dispensando a prática de quaisquer atos permissivos.

3 – O pagamento das taxas a que se refere o número anterior faz-se por autoliquidação nos termos e condições definidos nos regulamentos municipais previstos no artigo 3º, não podendo o prazo de pagamento ser inferior a 60 dias, contados do termo do prazo para a notificação a que se refere o nº 2 do artigo 11º

4 – As operações urbanísticas realizadas ao abrigo de comunicação prévia observam as normas legais e regulamentares aplicáveis, designadamente as relativas às normas técnicas de construção e o disposto nos instrumentos de gestão territorial.

5 – Sempre que seja obrigatória a realização de consultas externas nos termos previstos na lei, a comunicação prévia pode ter lugar quando tais consultas já tenham sido efetuadas no âmbito de pedido de informação prévia, de aprovação de planos de pormenor ou de operações de loteamento urbano, ou se o interessado instruir a comunicação prévia com as consultas por ele promovidas nos termos do artigo 13º-B.

ARTIGO 35º
Regime da comunicação prévia

1 – A comunicação prévia é dirigida ao presidente da câmara municipal e efetuada através da plataforma eletrónica referida no nº 1 do artigo 8º-A nos termos a regulamentar na portaria a que se refere o mesmo número.

2 – Na comunicação prévia o interessado indica o prazo de execução das obras, sem prejuízo do disposto nos artigos 71º e 72º

3 – *[Revogado]*.

4 – Os elementos instrutórios da comunicação prévia são regulados por portaria dos membros do Governo responsáveis pelas áreas do ordenamento do território e da administração local, neles se incluindo obrigatoriamente o termo de responsabilidade subscrito por técnico legalmente habilitado que ateste o cumprimento das normas legais e regulamentares aplicáveis.

ANEXO

5 – As operações urbanísticas objeto de comunicação prévia são disponibilizadas diariamente através da plataforma eletrónica referida no nº 1 do artigo 8º-A que emite o comprovativo eletrónico da sua apresentação.

6 – O comunicante pode solicitar aos serviços municipais que seja emitida, sem dependência de qualquer despacho, certidão na qual conste a identificação da operação urbanística objeto de comunicação prévia bem como a data da sua apresentação.

7 – É aplicável à comunicação prévia o disposto na alínea *a)* do nº 2 e no nº 3 do artigo 11º, com as devidas adaptações, sendo o despacho notificado ao interessado nos termos do disposto no artigo 121º

8 – Sem prejuízo do disposto nos números anteriores, a câmara municipal deve, em sede de fiscalização sucessiva, inviabilizar a execução das operações urbanísticas objeto de comunicação prévia e promover as medidas necessárias à reposição da legalidade urbanística, quando verifique que não foram cumpridas as normas e condicionantes legais e regulamentares, ou que estas não tenham sido precedidas de pronúncia, obrigatória nos termos da lei, das entidades externas competentes, ou que com ela não se conformem.

9 – O dever de fiscalização previsto no número anterior caduca 10 anos após a data de emissão do título da comunicação prévia.

ARTIGO 36º

[Revogado].

ARTIGO 36º-A

[Revogado].

SUBSECÇÃO VI
Procedimentos especiais

ARTIGO 37º

[Revogado].

ARTIGO 38º
Empreendimentos turísticos

1 – Os empreendimentos turísticos estão sujeitos ao regime jurídico das operações de loteamento nos casos em que se pretenda efetuar a divisão jurídica do terreno em lotes.

2 – Nas situações referidas no número anterior não é aplicável o disposto no artigo 41º, podendo a operação de loteamento realizar-se em áreas em que o uso

turístico seja compatível com o disposto nos instrumentos de gestão territorial válidos e eficazes.

ARTIGO 39º
Dispensa de autorização prévia de localização

Sempre que as obras se situem em área que nos termos de plano de urbanização, plano de pormenor ou licença ou comunicação prévia de loteamento em vigor esteja expressamente afeta ao uso proposto, é dispensada a autorização prévia de localização que, nos termos da lei, devesse ser emitida por parte de órgãos da administração central, sem prejuízo das demais autorizações ou aprovações exigidas por lei relativas a servidões administrativas ou restrições de utilidade pública.

ARTIGO 40º

[Revogado].

SECÇÃO III
Condições especiais de licenciamento ou comunicação prévia

SUBSECÇÃO I
Operações de loteamento

ARTIGO 41º
Localização

As operações de loteamento só podem realizar-se em áreas situadas dentro do perímetro urbano e em terrenos já urbanizados ou cuja urbanização se encontre programada em plano municipal ou intermunicipal de ordenamento do território.

ARTIGO 42º
Parecer da CCDR

1 – O licenciamento de operação de loteamento que se realize em área não abrangida por qualquer plano municipal ou intermunicipal de ordenamento do território está sujeito a parecer prévio favorável da CCDR ao qual se aplica, com as necessárias adaptações, o disposto nos nºs 5 e 6 do artigo 13º

2 – O parecer da CCDR destina-se a avaliar a operação de loteamento do ponto de vista do ordenamento do território e a verificar a sua articulação com os instrumentos de desenvolvimento territorial previstos na lei.

ANEXO

3 – O parecer da CCDR caduca no prazo de dois anos, salvo se, dentro desse prazo, for licenciada a operação de loteamento, ou, uma vez esgotado, não existirem alterações nos pressupostos de facto e de direito em que se fundamentou o parecer.

4 – A apresentação de requerimento nos termos referidos no artigo 112º suspende a contagem do prazo referido no número anterior.

ARTIGO 43º
Áreas para espaços verdes e de utilização coletiva, infraestruturas e equipamentos

1 – Os projetos de loteamento devem prever áreas destinadas à implantação de espaços verdes e de utilização coletiva, infraestruturas viárias e equipamentos.

2 – Os parâmetros para o dimensionamento das áreas referidas no número anterior são os que estiverem definidos em plano municipal ou intermunicipal de ordenamento do território.

3 – Para aferir se o projeto de loteamento respeita os parâmetros a que alude o número anterior consideram-se quer as parcelas de natureza privada a afetar àqueles fins quer as parcelas a ceder à câmara municipal nos termos do artigo seguinte.

4 – Os espaços verdes e de utilização coletiva, infraestruturas viárias e equipamentos de natureza privada constituem partes comuns dos lotes resultantes da operação de loteamento e dos edifícios que neles venham a ser construídos e regem-se pelo disposto nos artigos 1420º a 1438º-A do Código Civil.

ARTIGO 44º
Cedências

1 – O proprietário e os demais titulares de direitos reais sobre o prédio a lotear cedem gratuitamente ao município as parcelas para implantação de espaços verdes públicos e equipamentos de utilização coletiva e as infraestruturas que, de acordo com a lei e a licença ou comunicação prévia, devam integrar o domínio municipal.

2 – Para os efeitos do número anterior, o requerente deve assinalar as áreas de cedência ao município em planta a entregar com o pedido de licenciamento ou comunicação prévia.

3 – As parcelas de terreno cedidas ao município integram-se no domínio municipal com a emissão do alvará ou, nas situações previstas no artigo 34º, através de instrumento notarial próprio a realizar no prazo de 20 dias após a receção da comunicação prévia, devendo a câmara municipal definir, no alvará ou no instrumento notarial, as parcelas afetas aos domínios público e privado do município.

4 – Se o prédio a lotear já estiver servido pelas infraestruturas a que se refere a alínea *h)* do artigo 2º ou não se justificar a localização de qualquer equipa-

MAIS UMA ALTERAÇÃO AO REGIME JURÍDICO DA URBANIZAÇÃO E DA EDIFICAÇÃO

mento ou espaço verde públicos no referido prédio ou ainda nos casos referidos no nº 4 do artigo anterior, não há lugar a qualquer cedência para esses fins, ficando, no entanto, o proprietário obrigado ao pagamento de uma compensação ao município, em numerário ou em espécie, nos termos definidos em regulamento municipal.

5 – O proprietário e demais titulares de direitos reais sobre prédio a sujeitar a qualquer operação urbanística que nos termos de regulamento municipal seja considerada como de impacte relevante ficam também sujeitos às cedências e compensações previstas para as operações de loteamento.

ARTIGO 45º
Reversão

1 – O cedente tem o direito de reversão sobre as parcelas cedidas nos termos do artigo anterior sempre que estas sejam afetas a fins diversos daqueles para que hajam sido cedidas.

2 – Para os efeitos previstos no número anterior, considera-se que não existe alteração de afetação sempre que as parcelas cedidas sejam afetas a um dos fins previstos no nº 1 do artigo anterior, independentemente das especificações eventualmente constantes do documento que titula a transmissão.

3 – Ao exercício do direito de reversão previsto no número anterior aplica-se, com as necessárias adaptações, o disposto no Código das Expropriações.

4 – Em alternativa ao exercício do direito referido no nº 1 ou no caso do nº 10, o cedente pode exigir ao município uma indemnização, a determinar nos termos estabelecidos no Código das Expropriações com referência ao fim a que se encontre afeta a parcela, calculada à data em que pudesse haver lugar à reversão.

5 – As parcelas que, nos termos do nº 1, tenham revertido para o cedente ficam sujeitas às mesmas finalidades a que deveriam estar afetas aquando da cedência, salvo quando se trate de parcela a afetar a equipamento de utilização coletiva, devendo nesse caso ser afeta a espaço verde, procedendo-se ainda ao averbamento desse facto no respetivo alvará ou à sua integração na comunicação prévia.

6 – Os direitos previstos nos nºs 1, 3 e 4 podem ser exercidos pelos proprietários de, pelo menos, um terço dos lotes constituídos em consequência da operação de loteamento.

7 – Havendo imóveis construídos na parcela revertida, o tribunal pode ordenar a sua demolição, a requerimento do cedente, nos termos estabelecidos nos artigos 37º e seguintes da Lei nº 15/2002, de 22 de fevereiro.

8 – O município é responsável pelos prejuízos causados aos proprietários dos imóveis referidos no número anterior, nos termos estabelecidos na Lei nº 67/2007, de 31 de dezembro, alterada pela Lei nº 31/2008, de 17 de julho, em matéria de atos ilícitos.

ANEXO

9 – A demolição prevista no nº 7 não prejudica os direitos legalmente estabelecidos de realojamento dos ocupantes.

10 – O direito de reversão previsto no nº 1 não pode ser exercido quando os fins das parcelas cedidas sejam alterados ao abrigo do disposto no nº 1 do artigo 48º

ARTIGO 46º
Gestão das infraestruturas e dos espaços verdes e de utilização coletiva

1 – A gestão das infraestruturas e dos espaços verdes e de utilização coletiva pode ser confiada a moradores ou a grupos de moradores das zonas loteadas e urbanizadas, mediante a celebração com o município de acordos de cooperação ou de contratos de concessão do domínio municipal. ´

2 – Os acordos de cooperação podem incidir, nomeadamente, sobre os seguintes aspetos:

a) Limpeza e higiene;
b) Conservação de espaços verdes existentes;
c) Manutenção dos equipamentos de recreio e lazer;
d) Vigilância da área, por forma a evitar a sua degradação.

3 – Os contratos de concessão devem ser celebrados sempre que se pretenda realizar investimentos em equipamentos de utilização coletiva ou em instalações fixas e não desmontáveis em espaços verdes, ou a manutenção de infraestruturas.

ARTIGO 47º
Contrato de concessão

1 – Os princípios a que devem subordinar-se os contratos administrativos de concessão do domínio municipal a que se refere o artigo anterior são estabelecidos em diploma próprio, no qual se fixam as regras a observar em matéria de prazo de vigência, conteúdo do direito de uso privativo, obrigações do concessionário e do município em matéria de realização de obras, prestação de serviços e manutenção de infraestruturas, garantias a prestar e modos e termos do sequestro e rescisão.

2 – A utilização das áreas concedidas nos termos do número anterior e a execução dos contratos respetivos estão sujeitas a fiscalização da câmara municipal, nos termos a estabelecer no diploma aí referido.

3 – Os contratos referidos no número anterior não podem, sob pena de nulidade das cláusulas respetivas, proibir o acesso e utilização do espaço concessionado por parte do público, sem prejuízo das limitações a tais acesso e utilização que sejam admitidas no diploma referido no nº 1.

ARTIGO 48º
Execução de instrumentos de gestão territorial e outros instrumentos urbanísticos

1 – As operações de loteamento com as condições definidas na licença ou comunicação prévia podem ser alteradas por iniciativa da câmara municipal desde que tal alteração se mostre necessária à execução de plano municipal ou intermunicipal de ordenamento do território ou área de reabilitação urbana.

2 – A deliberação da câmara municipal que determine as alterações referidas no número anterior é devidamente fundamentada e implica a emissão de novo alvará e a publicação e submissão a registo deste, a expensas do município.

3 – A deliberação referida no número anterior é precedida da audiência prévia do titular do alvará e demais interessados, que dispõem do prazo de 30 dias para se pronunciarem sobre o projeto de decisão.

4 – A pessoa coletiva que aprovar os instrumentos referidos no nº 1 que determinem direta ou indiretamente os danos causados ao titular do alvará e demais interessados, em virtude do exercício da faculdade prevista no nº 1, é responsável pelos mesmos nos termos do regime geral aplicável às situações de indemnização pelo sacrifício.

5 – Sem prejuízo do disposto no número anterior, nas situações de afetação das condições da licença ou comunicação prévia que, pela sua gravidade ou intensidade, eliminem ou restrinjam o seu conteúdo económico, o titular do alvará e demais interessados têm direito a uma indemnização correspondente ao valor económico do direito eliminado ou da parte do direito que tiver sido restringido.

6 – Enquanto não forem alteradas as condições das operações de loteamento nos termos previstos no nº 1, as obras de construção, de alteração ou de ampliação, na área abrangida por aquelas operações de loteamento, não têm que se conformar com planos municipais ou intermunicipais de ordenamento do território ou áreas de reabilitação urbana posteriores à licença ou comunicação prévia da operação de loteamento.

ARTIGO 48º-A
Alterações à operação de loteamento objeto de comunicação prévia

Sem prejuízo do disposto no artigo anterior, a alteração de operação de loteamento objeto de comunicação prévia só pode ser apresentada se for demonstrada a não oposição da maioria dos proprietários dos lotes constantes da comunicação.

ARTIGO 49º
Negócios jurídicos

1 – Nos títulos de arrematação ou outros documentos judiciais, bem como nos instrumentos relativos a atos ou negócios jurídicos de que resulte, direta

ou indiretamente, a constituição de lotes nos termos da alínea *i)* do artigo 2º, sem prejuízo do disposto nos artigos 6º e 7º, ou a transmissão de lotes legalmente constituídos, devem constar o número do alvará ou da comunicação prévia, a data de emissão do título, a data de caducidade e a certidão do registo predial.

2 – Não podem ser realizados atos de primeira transmissão de imóveis construídos nos lotes ou de frações autónomas desses imóveis sem que seja exibida, perante a entidade que celebre a escritura pública ou autentique o documento particular, certidão emitida pela câmara municipal, comprovativa da receção provisória das obras de urbanização ou certidão, emitida pela câmara municipal, comprovativa de que a caução a que se refere o artigo 54º é suficiente para garantir a boa execução das obras de urbanização.

3 – Caso as obras de urbanização sejam realizadas nos termos dos artigos 84º e 85º, os atos referidos no número anterior podem ser efetuados mediante a exibição de certidão, emitida pela câmara municipal, comprovativa da conclusão de tais obras, devidamente executadas em conformidade com os projetos aprovados.

4 – A exibição das certidões referidas nos nºs 2 e 3 é dispensada sempre que o alvará de loteamento tenha sido emitido ao abrigo dos Decretos-Leis nºs 289/73, de 6 de junho, e 400/84, de 31 de dezembro.

ARTIGO 50º

[Revogado].

ARTIGO 51º
Informação registral

1 – O conservador do registo predial remete mensalmente à CCDR, até ao dia 15 de cada mês, cópia dos elementos respeitantes a operações de loteamento e respetivos anexos cujos registos tenham sido requeridos no mês anterior.

2 – *[Revogado].*

ARTIGO 52º
Publicidade à alienação

Na publicidade à alienação de lotes de terreno, de edifícios ou frações autónomas neles construídos, em construção ou a construir, é obrigatório mencionar o número do alvará de loteamento ou da comunicação prévia e a data da sua emissão ou receção pela câmara municipal, bem como o respetivo prazo de validade.

SUBSECÇÃO II
Obras de urbanização

ARTIGO 53º
Condições e prazo de execução

1 – Com a deliberação prevista no artigo 26º ou através de regulamento municipal nas situações previstas no artigo 34º, o órgão competente para o licenciamento das obras de urbanização estabelece:

a) As condições a observar na execução das mesmas, onde se inclui o cumprimento do disposto no regime da gestão de resíduos de construção e demolição nelas produzidos, e o prazo para a sua conclusão;

b) O montante da caução destinada a assegurar a boa e regular execução das obras;

c) As condições gerais do contrato de urbanização a que se refere o artigo 55º, se for caso disso.

2 – Nas situações previstas no artigo 34º, o prazo de execução é o fixado pelo interessado, não podendo, no entanto, ultrapassar os limites fixados mediante regulamento municipal.

3 – O prazo estabelecido nos termos da alínea *a)* do nº 1 e do nº 2 pode ser prorrogado a requerimento fundamentado do interessado, por uma única vez e por período não superior a metade do prazo inicial, quando não seja possível concluir as obras dentro do prazo para o efeito estabelecido.

4 – Quando a obra se encontre em fase de acabamentos, pode ainda o presidente da câmara municipal, a requerimento fundamentado do interessado, conceder nova prorrogação, mediante o pagamento de um adicional à taxa referida no nº 2 do artigo 116º, de montante a fixar em regulamento municipal.

5 – O prazo referido no nº 2 pode ainda ser prorrogado em consequência de alteração da licença ou da comunicação prévia.

6 – A prorrogação do prazo nos termos referidos nos números anteriores não dá lugar à emissão de novo alvará nem à apresentação de nova comunicação prévia, devendo ser averbada no alvará ou comunicação existentes.

7 – As obras de urbanização com as condições definidas na licença ou comunicação prévia podem ser alteradas por iniciativa da câmara municipal, nos termos e com os fundamentos estabelecidos no artigo 48º

ARTIGO 54º
Caução

1 – O requerente ou comunicante presta caução destinada a garantir a boa e regular execução das obras de urbanização.

ANEXO

2 – A caução referida no número anterior é prestada a favor da câmara municipal, mediante garantia bancária autónoma à primeira solicitação, hipoteca sobre bens imóveis propriedade do requerente, depósito em dinheiro ou seguro-caução, devendo constar do próprio título que a mesma está sujeita a atualização nos termos do nº 4 e se mantém válida até à receção definitiva das obras de urbanização.

3 – O montante da caução é igual ao valor constante dos orçamentos para execução dos projetos das obras a executar, eventualmente corrigido pela câmara municipal com a emissão da licença, a que pode ser acrescido um montante, não superior a 5 % daquele valor, destinado a remunerar encargos de administração caso se mostre necessário aplicar o disposto nos artigos 84º e 85º

a) Reforçado, precedendo deliberação fundamentada da câmara municipal, tendo em atenção a correção do valor dos trabalhos por aplicação das regras legais e regulamentares relativas a revisões de preços dos contratos de empreitada de obras públicas, quando se mostre insuficiente para garantir a conclusão dos trabalhos, em caso de prorrogação do prazo de conclusão ou em consequência de acentuada subida no custo dos materiais ou de salários;

b) Reduzido, nos mesmos termos, em conformidade com o andamento dos trabalhos a requerimento do interessado, que deve ser decidido no prazo de 15 dias.

5 – O conjunto das reduções efetuadas ao abrigo do disposto na alínea *b)* do número anterior não pode ultrapassar 90 % do montante inicial da caução, sendo o remanescente libertado com a receção definitiva das obras de urbanização.

6 – O reforço ou a redução da caução, nos termos do nº 4, não dá lugar à emissão de novo alvará ou a nova comunicação.

ARTIGO 55º
Contrato de urbanização

1 – Quando a execução de obras de urbanização envolva, em virtude de disposição legal ou regulamentar ou por força de convenção, mais de um responsável, a realização das mesmas pode ser objeto de contrato de urbanização.

2 – São partes no contrato de urbanização, obrigatoriamente, o município e o proprietário e outros titulares de direitos reais sobre o prédio e, facultativamente, as empresas que prestem serviços públicos, bem como outras entidades envolvidas na operação de loteamento ou na urbanização dela resultante, designadamente interessadas na aquisição dos lotes.

3 – O contrato de urbanização estabelece as obrigações das partes contratantes relativamente à execução das obras de urbanização e as responsabilidades a que ficam sujeitas, bem como o prazo para cumprimento daquelas.

4 – Quando haja lugar à celebração de contrato de urbanização, a ele se fará menção no alvará ou comunicação.

5 – Juntamente com o requerimento inicial, comunicação e a qualquer momento do procedimento até à aprovação das obras de urbanização, o interessado pode apresentar proposta de contrato de urbanização.

ARTIGO 56º
Execução por fases

1 – O interessado pode requerer a execução por fases das obras de urbanização, identificando as obras incluídas em cada fase, o orçamento correspondente e os prazos dentro dos quais se propõe requerer a respetiva licença.

2 – O requerimento referido no número anterior deve ser preferencialmente apresentado com o pedido de licenciamento de loteamento ou, quando as obras de urbanização não se integrem em operação de loteamento, com o pedido de licenciamento das mesmas, podendo, contudo, ser apresentado em qualquer momento do procedimento, desde que não tenha ainda sido proferida decisão final.

3 – Cada fase deve ter coerência interna e corresponder a uma zona da área a lotear ou a urbanizar que possa funcionar autonomamente.

4 – O requerimento é decidido no prazo de 30 dias a contar da data da sua apresentação.

5 – Admitida a execução por fases, o alvará abrange apenas a primeira fase das obras de urbanização, implicando cada fase subsequente um aditamento ao alvará.

6 – Quando se trate de operação efetuada ao abrigo de comunicação prévia, o interessado identifica na comunicação as fases em que pretende proceder à execução das obras de urbanização, aplicando-se, com as necessárias adaptações, o disposto nos nºs 1, 2 e 3.

SUBSECÇÃO III
Obras de edificação

ARTIGO 57º
Condições de execução

1 – A câmara municipal fixa as condições a observar na execução da obra com o deferimento do pedido de licenciamento das operações urbanísticas e, no caso das obras sujeitas a comunicação prévia, através de regulamento municipal, devendo salvaguardar o cumprimento do disposto no regime da gestão de resíduos de construção e demolição.

2 – As condições relativas à ocupação da via pública ou à colocação de tapumes e vedações são estabelecidas mediante proposta do requerente, a qual, nas situações previstas no nº 4 do artigo 4º, deve acompanhar a comunicação prévia, não podendo a câmara municipal alterá-las senão com fundamento na violação

ANEXO

de normas legais ou regulamentares aplicáveis ou na necessidade de articulação com outras ocupações previstas ou existentes.

3 – No caso previsto no artigo 113º, as condições a observar na execução das obras são aquelas que forem propostas pelo requerente.

4 – A comunicação prévia para obras em área abrangida por operação de loteamento não pode ter lugar antes da receção provisória das respetivas obras de urbanização ou da prestação de caução a que se refere o artigo 54º

5 – O disposto no artigo 43º e nos nºs 1 a 3 do artigo 44º aplica-se aos procedimentos de licenciamento ou de comunicação prévia de obras quando respeitem a edifícios contíguos e funcionalmente ligados entre si que determinem, em termos urbanísticos, impactes semelhantes a uma operação de loteamento, nos termos a definir por regulamento municipal.

6 – O disposto no nº 4 do artigo 44º é aplicável aos procedimentos de licenciamento e de comunicação prévia de obras quando a operação contemple a criação de áreas de circulação viária e pedonal, espaços verdes e equipamento de uso privativo.

7 – [Revogado].

ARTIGO 58º
Prazo de execução

1 – A câmara municipal fixa, com o deferimento do pedido de licenciamento das obras referidas nas alíneas c) a f) do nº 2 do artigo 4º, o prazo de execução da obra, em conformidade com a programação proposta pelo requerente.

2 – Nas situações previstas no nº 4 do artigo 4º, o prazo de execução é o fixado pelo interessado, não podendo, no entanto, ultrapassar os limites fixados mediante regulamento municipal.

3 – Os prazos referidos nos números anteriores começam a contar da data de emissão do respetivo alvará, da data do pagamento ou do depósito das taxas ou da caução nas situações previstas no artigo 113º, ou da data em que a comunicação prévia se encontre titulada nos termos do nº 2 do artigo 74º

4 – O prazo para a conclusão da obra pode ser alterado por motivo de interesse público, devidamente fundamentado, no ato de deferimento a que se refere o nº 1, e, no caso de comunicação prévia, até ao termo do prazo previsto no nº 2 do artigo 11º

5 – Quando não seja possível concluir as obras no prazo previsto, este pode ser prorrogado, a requerimento fundamentado do interessado, por uma única vez e por período não superior a metade do prazo inicial, salvo o disposto nos números seguintes.

6 – Quando a obra se encontre em fase de acabamentos, pode o presidente da câmara municipal, a requerimento fundamentado do interessado, conceder

nova prorrogação, mediante o pagamento de um adicional à taxa referida no nº 1 do artigo 116º, de montante a fixar em regulamento municipal.

7 – O prazo estabelecido nos termos dos números anteriores pode ainda ser prorrogado em consequência da alteração da licença, bem como da apresentação de alteração aos projetos apresentados com a comunicação prévia.

8 – A prorrogação do prazo nos termos referidos nos números anteriores não dá lugar à emissão de novo alvará nem à apresentação de nova comunicação, devendo apenas ser nestes averbada.

9 – No caso previsto no artigo 113º, o prazo para a conclusão da obra é aquele que for proposto pelo requerente.

ARTIGO 59º
Execução por fases

1 – O requerente pode optar pela execução faseada da obra, devendo para o efeito, em caso de operação urbanística sujeita a licenciamento, identificar no projeto de arquitetura os trabalhos incluídos em cada uma das fases e indicar os prazos, a contar da data de aprovação daquele projeto, em que se propõe requerer a aprovação dos projetos das especialidades e outros estudos relativos a cada uma dessas fases, podendo a câmara municipal fixar diferentes prazos por motivo de interesse público devidamente fundamentado.

2 – Cada fase deve corresponder a uma parte da edificação passível de utilização autónoma.

3 – Nos casos referidos no nº 1, o requerimento referido no nº 4 do artigo 20º deverá identificar a fase da obra a que se reporta.

4 – A falta de apresentação do requerimento referido no número anterior dentro dos prazos previstos no nº 1 implica a caducidade do ato de aprovação do projeto de arquitetura e o arquivamento oficioso do processo.

5 – *[Revogado].*

6 – Admitida a execução por fases, o alvará abrange apenas a primeira fase das obras, implicando cada fase subsequente um aditamento ao alvará.

7 – Quando se trate de operação urbanística sujeita a comunicação prévia, o interessado identifica na comunicação as fases em que pretende proceder à execução da obra, aplicando-se com as necessárias adaptações o disposto nos nºs 1 e 2.

ARTIGO 60º
Edificações existentes

1 – As edificações construídas ao abrigo do direito anterior e as utilizações respetivas não são afetadas por normas legais e regulamentares supervenientes.

2 – A licença de obras de reconstrução ou de alteração das edificações não pode ser recusada com fundamento em normas legais ou regulamentares super-

ANEXO

venientes à construção originária, desde que tais obras não originem ou agravem desconformidade com as normas em vigor ou tenham como resultado a melhoria das condições de segurança e de salubridade da edificação.

3 – O disposto no número anterior aplica-se em sede de fiscalização sucessiva de obras sujeitas a comunicação prévia.

4 – Sem prejuízo do disposto nos números anteriores, a lei pode impor condições específicas para o exercício de certas atividades em edificações já afetas a tais atividades ao abrigo do direito anterior, bem como condicionar a execução das obras referidas no número anterior à realização dos trabalhos acessórios que se mostrem necessários para a melhoria das condições de segurança e salubridade da edificação.

ARTIGO 61º
Identificação do diretor de obra

O titular da licença de construção e apresentante da comunicação prévia ficam obrigados a afixar numa placa em material imperecível no exterior da edificação ou a gravar num dos seus elementos externos a identificação do diretor de obra.

SUBSECÇÃO IV
Utilização de edifícios ou suas frações

ARTIGO 62º
Âmbito

1 – A autorização de utilização de edifícios ou suas frações autónomas na sequência de realização de obra sujeita a controlo prévio destina-se a verificar a conclusão da operação urbanística, no todo ou em parte, e a conformidade da obra com o projeto de arquitetura e arranjos exteriores aprovados e com as condições do respetivo procedimento de controlo prévio, assim como a conformidade da utilização prevista com as normas legais e regulamentares que fixam os usos e utilizações admissíveis, podendo contemplar utilizações mistas.

2 – No caso dos pedidos de autorização de utilização, de alteração de utilização ou de alguma informação constante de licença de utilização que já tenha sido emitida, que não sejam precedidos de operações urbanísticas sujeitas a controlo prévio, a autorização de utilização de edifícios ou suas frações autónomas destina-se a verificar a conformidade da utilização prevista com as normas legais e regulamentares que fixam os usos e utilizações admissíveis, bem como a idoneidade do edifício ou sua fração autónoma para o fim pretendido, podendo contemplar utilizações mistas.

ARTIGO 63º
Instrução do pedido

1 – O pedido de autorização de utilização deve ser instruído com as telas finais, acompanhadas de termo de responsabilidade subscrito pelo diretor de obra ou pelo diretor de fiscalização de obra, no qual aqueles devem declarar que a obra está concluída e que foi executada de acordo com os projetos de arquitetura e especialidades, bem como com os arranjos exteriores aprovados e com as condições do respetivo procedimento de controlo prévio e que as alterações efetuadas ao projeto estão em conformidade com as normas legais e regulamentares que lhe são aplicáveis.

2 – O pedido de autorização de utilização pode ainda ser instruído com termo de responsabilidade subscrito por pessoa legalmente habilitada a ser autor de projeto, nos termos do regime jurídico que define a qualificação profissional exigível aos técnicos responsáveis pela elaboração e subscrição de projetos, pela fiscalização de obra e pela direção de obra.

3 – O pedido de autorização de utilização, bem como as suas alterações, é apresentado através da plataforma eletrónica referida no nº 1 do artigo 8º-A, podendo ser utilizado o «Balcão do Empreendedor», para os pedidos relativos à instalação de estabelecimento e respetivas alterações de utilização, nos termos a regulamentar na portaria a que se refere o nº 4 do artigo 8º-A.

ARTIGO 64º
Concessão da autorização de utilização

1 – A autorização de utilização é concedida no prazo de 10 dias a contar da receção do requerimento, com base nos termos de responsabilidade referidos no artigo anterior, salvo na situação prevista no número seguinte.

2 – O presidente da câmara municipal, oficiosamente ou a requerimento do gestor do procedimento e no prazo previsto no número anterior, determina a realização de vistoria, a efetuar nos termos do artigo seguinte, quando se verifique alguma das seguintes situações:

a) O pedido de autorização de utilização não estar instruído com os termos de responsabilidade previsto no artigo anterior;

b) Existirem indícios sérios, nomeadamente com base nos elementos constantes do processo ou do livro de obra, a concretizar no despacho que determina a vistoria, de que a obra se encontra em desconformidade com o respetivo projeto ou condições estabelecidas;

c) Tratando-se da autorização prevista no nº 2 do artigo 62º, existam indícios sérios de que o edifício, ou sua fração autónoma, não é idóneo para o fim pretendido.

ANEXO

3 – Quando o pedido de autorização de utilização for instruído com termo de responsabilidade referido no nº 2 do artigo anterior, é dispensada a realização de vistoria municipal, bem como a apresentação na câmara municipal de certificações, aprovações e pareceres externos, bastando a comunicação da conclusão dos trabalhos, acompanhada de declaração subscrita pelo autor do projeto e pelo diretor de obra ou diretor de fiscalização de obra, de que tais elementos foram obtidos.

4 – Não sendo determinada a realização de vistoria no prazo referido no nº 1, o requerente pode solicitar a emissão do alvará de autorização de utilização, a emitir no prazo de cinco dias, mediante a apresentação do comprovativo do requerimento da mesma nos termos do artigo 63º

ARTIGO 65º
Realização da vistoria

1 – A vistoria realiza-se no prazo de 15 dias a contar da decisão do presidente da câmara referida no nº 2 do artigo anterior, decorrendo sempre que possível em data a acordar com o requerente.

2 – A vistoria é efetuada por uma comissão composta, no mínimo, por três técnicos, a designar pela câmara municipal, dos quais pelo menos dois devem ter habilitação legal para ser autor de projeto, correspondente à obra objeto de vistoria, segundo o regime da qualificação profissional dos técnicos responsáveis pela elaboração e subscrição de projetos.

3 – A data da realização da vistoria é notificada pela câmara municipal ao requerente da autorização de utilização, o qual pode fazer-se acompanhar dos autores dos projetos e do técnico responsável pela direção técnica da obra, que participam, sem direito a voto, na vistoria.

4 – As conclusões da vistoria são obrigatoriamente seguidas na decisão sobre o pedido de autorização.

5 – No caso da imposição de obras de alteração decorrentes da vistoria, a emissão da autorização requerida depende da verificação da adequada realização dessas obras, mediante nova vistoria a requerer pelo interessado, a qual deve decorrer no prazo de 15 dias a contar do respetivo requerimento.

6 – Não sendo a vistoria realizada nos prazos referidos nos nºs 1 ou 5, o requerente pode solicitar a emissão do título de autorização de utilização, mediante a apresentação do comprovativo do requerimento da mesma nos termos do artigo 63º ou do número anterior, o qual é emitido no prazo de cinco dias e sem a prévia realização de vistoria.

ARTIGO 66º
Propriedade horizontal

1 – No caso de edifícios constituídos em regime de propriedade horizontal, a autorização pode ter por objeto o edifício na sua totalidade ou cada uma das suas frações autónomas.

2 – A autorização de utilização só pode ser concedida autonomamente para uma ou mais frações autónomas quando as partes comuns dos edifícios em que se integram estejam também em condições de serem utilizadas.

3 – Caso o interessado não tenha ainda requerido a certificação pela câmara municipal de que o edifício satisfaz os requisitos legais para a sua constituição em regime de propriedade horizontal, tal pedido pode integrar o requerimento de autorização de utilização.

4 – O disposto nos nºs 2 e 3 é aplicável, com as necessárias adaptações, aos edifícios compostos por unidades suscetíveis de utilização independente que não estejam sujeitos ao regime da propriedade horizontal.

SECÇÃO IV
Validade e eficácia dos atos de licenciamento e autorização de utilização e efeitos da comunicação prévia

SUBSECÇÃO I
Validade

ARTIGO 67º
Requisitos

A validade das licenças ou das autorizações de utilização depende da sua conformidade com as normas legais e regulamentares aplicáveis em vigor à data da sua prática, sem prejuízo do disposto no artigo 60º

ARTIGO 68º
Nulidades

Sem prejuízo da possibilidade de atribuição de efeitos jurídicos a situações de facto decorrentes de atos nulos nos termos gerais de direito, bem como do disposto no artigo 70º, são nulas as licenças, as autorizações de utilização e as decisões relativas a pedidos de informação prévia previstos no presente diploma que:

a) Violem o disposto em plano municipal ou intermunicipal de ordenamento do território, plano especial de ordenamento do território, medidas preventivas ou licença ou comunicação prévia de loteamento em vigor;

b) [Revogada];

c) Não tenham sido precedidas de consulta das entidades cujos pareceres, autorizações ou aprovações sejam legalmente exigíveis, bem como quando não estejam em conformidade com esses pareceres, autorizações ou aprovações.

ARTIGO 69º
Participação, ação administrativa especial e declaração de nulidade

1 – Os factos geradores das nulidades previstas no artigo anterior e quaisquer outros factos de que possa resultar a invalidade dos atos administrativos previstos no presente diploma devem ser participados, por quem deles tenha conhecimento, ao Ministério Público, para efeitos de propositura da competente ação administrativa especial e respetivos meios processuais acessórios.

2 – Quando tenha por objeto atos de licenciamento ou autorizações de utilização com fundamento em qualquer das invalidades previstas no artigo anterior, a citação ao titular da licença ou da autorização de utilização para contestar a ação referida no número anterior tem os efeitos previstos no artigo 103º para o embargo, sem prejuízo do disposto no número seguinte.

3 – O tribunal pode, oficiosamente ou a requerimento dos interessados, autorizar o prosseguimento dos trabalhos caso do recurso resultem indícios de ilegalidade da sua interposição ou da sua improcedência, devendo o juiz decidir esta questão, quando a ela houver lugar, no prazo de 10 dias.

4 – A possibilidade de o órgão que emitiu o ato ou deliberação declarar a nulidade caduca no prazo de 10 anos, caducando também o direito de propor a ação prevista no nº 1 se os factos que determinaram a nulidade não forem participados ao Ministério Público nesse prazo, exceto relativamente a monumentos nacionais e respetiva zona de proteção.

ARTIGO 70º
Responsabilidade civil da Administração

1 – O município responde civilmente nos termos gerais por ações e omissões cometidas em violação do estabelecido no presente decreto-lei.

2 – O disposto no número anterior inclui a responsabilidade por prejuízos resultantes de operações urbanísticas executadas com base em atos de controlo prévio ilegais, nomeadamente em caso de revogação, anulação ou declaração de nulidade de licenças ou autorizações de utilização, sempre que a causa de revogação, anulação ou declaração de nulidade resulte de uma conduta ilícita dos titulares dos seus órgãos ou dos seus funcionários e agentes.

3 – Para efeitos do disposto no número anterior são solidariamente responsáveis:

a) O titular do órgão administrativo singular que haja praticado os atos ao abrigo dos quais foram executadas ou desenvolvidas as operações urbanísticas referidas sem que tivesse sido promovida a consulta de entidades externas ou em desrespeito do parecer, autorização ou aprovação emitidos, quando vinculativos;

b) Os membros dos órgãos colegiais que tenham votado a favor dos atos referidos na alínea anterior;

c) Os trabalhadores que tenham prestado informação favorável à prática do ato de controlo prévio ilegal, em caso de dolo ou culpa grave;

d) Os membros da câmara municipal quando não promovam as medidas necessárias à reposição da legalidade, nos termos do disposto no nº 8 do artigo 35º, em caso de dolo ou culpa grave.

4 – Quando a ilegalidade que fundamenta a revogação, anulação ou declaração de nulidade de ato administrativo resulte de parecer vinculativo, autorização ou aprovação legalmente exigível, a entidade que o emitiu responde solidariamente com o município, que tem sobre aquela direito de regresso nos termos gerais de direito.

5 – Impende sobre os titulares dos órgãos municipais o dever de desencadear procedimentos disciplinares aos trabalhadores sempre que se verifique alguma das situações referidas no artigo 101º

SUBSECÇÃO II
Caducidade e revogação da licença e autorização de utilização e cessação de efeitos da comunicação prévia

ARTIGO 71º
Caducidade

1 – A licença ou comunicação prévia para a realização de operação de loteamento caduca se:

a) Não for apresentada a comunicação prévia para a realização das respetivas obras de urbanização no prazo de um ano a contar da notificação do ato de licenciamento ou, na hipótese de comunicação prévia, não for apresentada comunicação prévia para a realização de obras de urbanização no prazo de um ano a contar da data daquela; ou se

b) Não for requerido o alvará a que se refere o nº 3 do artigo 76º no prazo de um ano a contar da comunicação prévia das respetivas obras de urbanização;

c) Não forem iniciadas as obras de edificação previstas na operação de loteamento no prazo fixado para esse efeito, nos termos da alínea *g)* do nº 1 do artigo 77º

2 – A licença ou comunicação prévia para a realização de operação de loteamento que não exija a realização de obras de urbanização, bem como a licença

ANEXO

para a realização das operações urbanísticas previstas nas alíneas *b)* a *e)* do nº 2 e no nº 4 do artigo 4º, caducam, no caso da licença, se no prazo de um ano a contar da notificação do ato de licenciamento não for requerida a emissão do respetivo alvará ou, no caso da comunicação prévia e sendo devida, não ocorra o pagamento das taxas no prazo previsto para o efeito, determinando, em qualquer dos casos, a imediata cessação da operação urbanística.

3 – Para além das situações previstas no número anterior, a licença ou a comunicação prévia para a realização das operações urbanísticas referidas no número anterior, bem como a licença ou a comunicação prévia para a realização de operação de loteamento que exija a realização de obras de urbanização, caducam ainda:

a) Se as obras não forem iniciadas no prazo de 12 meses a contar da data de emissão do alvará ou do pagamento das taxas no caso de comunicação prévia, ou nos casos previstos no artigo 113º;

b) Se as obras estiverem suspensas por período superior a seis meses, salvo se a suspensão decorrer de facto não imputável ao titular da licença ou da comunicação prévia;

c) Se as obras estiverem abandonadas por período superior a seis meses;

d) Se as obras não forem concluídas no prazo fixado na licença ou comunicação prévia, ou suas prorrogações, contado a partir da data de emissão do alvará ou do pagamento das taxas no caso da comunicação prévia.

e) [Revogada].

4 – Para os efeitos do disposto na alínea *c)* do número anterior, presumem-se abandonadas as obras ou trabalhos sempre que:

a) Se encontrem suspensos sem motivo justificativo registado no respetivo livro de obra;

b) Decorram na ausência do diretor da obra;

c) Se desconheça o paradeiro do titular da respetiva licença ou comunicação prévia sem que este haja indicado à câmara municipal procurador bastante que o represente.

5 – As caducidades previstas no presente artigo devem ser declaradas pela câmara municipal, verificadas as situações previstas no presente artigo, após audiência prévia do interessado.

6 – Os prazos a que se referem os números anteriores contam-se de acordo com o disposto no artigo 279º do Código Civil.

7 – Tratando-se de licença para a realização de operação de loteamento ou de obras de urbanização, a caducidade pelos motivos previstos na alínea *c)* do nº 1 e nos nºs 3 e 4 observa os seguintes termos:

a) A caducidade não produz efeitos relativamente aos lotes para os quais já haja sido deferido pedido de licenciamento para obras de edificação ou já tenha sido apresentada comunicação prévia da realização dessas obras;

MAIS UMA ALTERAÇÃO AO REGIME JURÍDICO DA URBANIZAÇÃO E DA EDIFICAÇÃO

b) A caducidade não produz efeitos relativamente às parcelas cedidas para implantação de espaços verdes públicos e equipamentos de utilização coletiva e infraestruturas que sejam indispensáveis aos lotes referidos no número anterior e sejam identificadas pela Câmara Municipal na declaração prevista no nº 5;

c) Nas situações previstas na alínea *c)* do nº 1, a caducidade não produz efeitos, ainda, quanto à divisão ou reparcelamento fundiário resultante da operação de loteamento, mantendo-se os lotes constituídos por esta operação, a respetiva área e localização e extinguindo-se as demais especificações relativas aos lotes, previstas na alínea *e)* do nº 1 do artigo 77º

ARTIGO 72º
Renovação

1 – O titular de licença ou comunicação prévia que haja caducado pode requerer nova licença ou apresentar nova comunicação prévia.

2 – No caso referido no número anterior, serão utilizados no novo processo os elementos que instruíram o processo anterior desde que o novo requerimento seja apresentado no prazo de 18 meses a contar da data da caducidade ou, se este prazo estiver esgotado, não existirem alterações de facto e de direito que justifiquem nova apresentação.

3 – *[Revogado]*.

ARTIGO 73º
Revogação

1 – Sem prejuízo do que se dispõe no número seguinte, a licença ou as autorizações de utilização só podem ser revogadas nos termos estabelecidos na lei para os atos constitutivos de direitos.

2 – Nos casos a que se refere o nº 2 do artigo 105º, a licença pode ser revogada pela câmara municipal decorrido o prazo de seis meses a contar do termo do prazo estabelecido de acordo com o nº 1 do mesmo artigo.

SUBSECÇÃO III
Títulos das operações urbanísticas

ARTIGO 74º
Título da licença, da comunicação prévia e da autorização de utilização

1 – As operações urbanísticas objeto de licenciamento são tituladas por alvará, cuja emissão é condição de eficácia da licença.

ANEXO

2 – A comunicação prévia relativa a operações urbanísticas é titulada pelo comprovativo eletrónico da sua apresentação emitido pela plataforma eletrónica referida no nº 1 do artigo 8º-A, acompanhado do documento comprovativo do pagamento das taxas e, no caso de operações de loteamento, é titulada, ainda, por documento comprovativo da prestação de caução e da celebração do instrumento notarial a que se refere o nº 3 do artigo 44º ou por declaração da câmara municipal relativa à sua inexigibilidade.

3 – A autorização de utilização dos edifícios é titulada por alvará.

ARTIGO 75º
Competência

Compete ao presidente da câmara municipal emitir o alvará para a realização das operações urbanísticas, podendo delegar esta competência nos vereadores, com faculdade de subdelegação, ou nos dirigentes dos serviços municipais.

ARTIGO 76º
Requerimento

1 – O interessado deve, no prazo de um ano a contar da data da notificação do ato de licenciamento ou da autorização de utilização, requerer a emissão do respetivo alvará, apresentando para o efeito os elementos previstos em portaria aprovada pelo membro do Governo responsável pelo ordenamento do território.

2 – Pode ainda o presidente da câmara municipal, a requerimento fundamentado do interessado, conceder prorrogação, por uma única vez, do prazo previsto no número anterior.

3 – No caso de operação de loteamento que exija a realização de obras de urbanização, é emitido um único alvará, que deve ser requerido no prazo de um ano a contar da comunicação prévia das obras de urbanização.

4 – Sem prejuízo do disposto nos artigos 64º e 65º, o alvará é emitido no prazo de 30 dias a contar da apresentação do requerimento previsto nos números anteriores ou da receção dos elementos a que se refere o nº 3 do artigo 11º desde que se mostrem pagas as taxas devidas.

5 – O requerimento de emissão de alvará só pode ser indeferido com fundamento na caducidade, suspensão, revogação, anulação ou declaração de nulidade da licença, na caducidade ou cassação do título da comunicação prévia nos termos do artigo 79º, ou na falta de pagamento das taxas referidas no número anterior.

6 – O alvará obedece a um modelo-tipo a estabelecer por portaria aprovada pelo membro do Governo responsável pelo ordenamento do território.

ARTIGO 77º
Especificações

1 – O alvará de licença de operação de loteamento ou de obras de urbanização deve conter, nos termos da licença, a especificação dos seguintes elementos, consoante forem aplicáveis:

a) Identificação do titular do alvará;

b) Identificação do prédio objeto da operação de loteamento ou das obras de urbanização;

c) Identificação dos atos dos órgãos municipais relativos ao licenciamento da operação de loteamento e das obras de urbanização;

d) Enquadramento da operação urbanística em plano municipal ou intermunicipal de ordenamento do território em vigor, bem como na respetiva unidade de execução, se a houver;

e) Número de lotes e indicação da área, localização, finalidade, área de implantação, área de construção, número de pisos e número de fogos de cada um dos lotes, com especificação dos fogos destinados a habitações a custos controlados, quando previstos;

f) Cedências obrigatórias, sua finalidade e especificação das parcelas a integrar no domínio municipal;

g) Prazo máximo para a conclusão das operações de edificação previstas na operação de loteamento, o qual deve observar o prazo previsto no instrumento de programação da execução do plano territorial de âmbito municipal ou intermunicipal aplicável e não pode ser superior a 10 anos;

h) Prazo para a conclusão das obras de urbanização;

i) Montante da caução prestada e identificação do respetivo título.

2 – O alvará a que se refere o número anterior deve conter, em anexo, as plantas representativas dos elementos referidos nas alíneas *e)* e *f)*.

3 – As especificações do alvará a que se refere o nº 1 vinculam a câmara municipal, o proprietário do prédio, bem como os adquirentes dos lotes.

4 – O alvará de licença para a realização das operações urbanísticas a que se referem as alíneas *b)* a *g)* e *l)* do artigo 2º deve conter, nos termos da licença, os seguintes elementos, consoante sejam aplicáveis:

a) Identificação do titular da licença;

b) Identificação do lote ou do prédio onde se realizam as obras ou trabalhos;

c) Identificação dos atos dos órgãos municipais relativos ao licenciamento das obras ou trabalhos;

d) Enquadramento das obras em operação de loteamento ou plano municipal ou intermunicipal de ordenamento do território em vigor, no caso das obras previstas nas alíneas *b)*, *c)* e *e)* do artigo 2º;

e) Os condicionamentos a que fica sujeita a licença;

ANEXO

f) As cérceas e o número de pisos acima e abaixo da cota de soleira;

g) A área de construção e a volumetria dos edifícios;

h) O uso a que se destinam as edificações;

i) O prazo de validade da licença, o qual corresponde ao prazo para a conclusão das obras ou trabalhos.

5 – O alvará de autorização de utilização relativo à utilização de edifício ou de sua fração deve conter a especificação dos seguintes elementos:

a) Identificação do titular da autorização;

b) Identificação do edifício ou fração autónoma;

c) O uso a que se destina o edifício ou fração autónoma.

6 – O alvará a que se refere o número anterior deve ainda mencionar, quando for caso disso, que o edifício a que respeita preenche os requisitos legais para a constituição da propriedade horizontal.

7 – No caso de substituição do titular de alvará de licença, o substituto deve disso fazer prova junto do presidente da câmara para que este proceda ao respetivo averbamento no prazo de 15 dias a contar da data da substituição.

8 – A titularidade do alvará de autorização de utilização de edifícios ou frações autónomas é transmitida automaticamente com a propriedade a que respeita.

ARTIGO 78º
Publicidade

1 – O titular do alvará deve promover, no prazo de 10 dias após a emissão do alvará, a afixação no prédio objeto de qualquer operação urbanística de um aviso, visível do exterior, que deve permanecer até à conclusão das obras.

2 – A emissão do alvará de licença de loteamento deve ainda ser publicitada pela câmara municipal, no prazo estabelecido no nº 1, através de:

a) Publicação de aviso em boletim municipal e na página da Internet do município ou, quando estes não existam, através de edital a afixar nos paços do concelho e nas sedes das juntas de freguesia abrangidas;

b) Publicação de aviso num jornal de âmbito local, quando o número de lotes seja inferior a 20, ou num jornal de âmbito nacional, nos restantes casos.

3 – Compete ao membro do Governo responsável pelo ordenamento do território aprovar, por portaria, o modelo do aviso referido no nº 1.

4 – O aviso previsto no número anterior deve mencionar, consoante os casos, as especificações previstas nas alíneas *a)* a *g)* do nº 1 e *a)* a *c)* e *f)* a *i)* do nº 4 do artigo 77º

5 – O disposto nos números anteriores aplica-se, com as necessárias adaptações, às situações objeto de comunicação prévia.

ARTIGO 79º
Cassação

1 – O alvará ou o título da comunicação prévia é cassado pelo presidente da câmara municipal quando:

a) A licença caduque, seja revogada, anulada ou declarada nula;

b) A comunicação prévia caduque, não cumpra as normas legais ou regulamentares aplicáveis, não tenha sido antecedida dos pareceres, autorizações ou aprovações legalmente exigidos ou não se conforme com os mesmos.

2 – A cassação do alvará ou do título da comunicação prévia de loteamento é comunicada pelo presidente da câmara municipal à conservatória do registo predial competente, para efeitos de anotação à descrição ou de cancelamento do correspondente

3 – Com a comunicação referida no número anterior, o presidente da câmara municipal dá igualmente conhecimento à conservatória do registo predial dos lotes que se encontrem na situação referida no nº 7 do artigo 71º, requerendo a esta o cancelamento parcial do correspondente registo nos termos da alínea *g)* do nº 2 do artigo 101º do Código do Registo Predial e indicando as descrições a manter.

4 – O alvará cassado é apreendido pela câmara municipal, na sequência de notificação ao respetivo titular.

5 – O título da comunicação prévia é cassado através do averbamento da cassação à informação constante da plataforma eletrónica referida no nº 1 do artigo 8º-A.

CAPÍTULO III
Execução e fiscalização

SECÇÃO I
Início dos trabalhos

ARTIGO 80º
Início dos trabalhos

1 – A execução das obras e trabalhos sujeitos a licença nos termos do presente diploma só pode iniciar-se depois de emitido o respetivo alvará, com exceção das situações referidas no artigo seguinte e salvo o disposto no artigo 113º

2 – As obras e os trabalhos sujeitos ao regime da comunicação prévia podem iniciar-se nos termos do disposto no nº 2 do artigo 34º

3 – As obras e trabalhos referidos no artigo 7º só podem iniciar-se depois de emitidos os pareceres ou autorizações aí referidos ou após o decurso dos prazos fixados para a respetiva emissão.

ANEXO

4 – No prazo de 60 dias a contar do início dos trabalhos relativos às operações urbanísticas referidas nas alíneas *c)* a *e)* do n.º 2 do artigo 4.º deve o promotor da obra apresentar na câmara municipal cópia das especialidades e outros estudos.

ARTIGO 80º-A
Informação sobre o início dos trabalhos e o responsável pelos mesmos

1 – Até cinco dias antes do início dos trabalhos, o promotor informa a câmara municipal dessa intenção, comunicando também a identidade da pessoa, singular ou coletiva, encarregada da execução dos mesmos.

2 – A pessoa encarregada da execução dos trabalhos está obrigada à execução exata dos projetos e ao respeito pelas condições do licenciamento ou comunicação prévia.

ARTIGO 81º
Demolição, escavação e contenção periférica

1 – Quando o procedimento de licenciamento haja sido precedido de informação prévia favorável que vincule a câmara municipal, pode o presidente da câmara municipal, a pedido do interessado, permitir a execução de trabalhos de demolição ou de escavação e contenção periférica até à profundidade do piso de menor cota, logo após o saneamento referido no artigo 11º, desde que seja prestada caução para reposição do terreno nas condições em que se encontrava antes do início dos trabalhos.

2 – Nas obras sujeitas a licença nos termos do presente diploma, a decisão referida no número anterior pode ser proferida em qualquer momento após a aprovação do projeto de arquitetura.

3 – Para os efeitos dos números anteriores, o requerente deve apresentar, consoante os casos, o plano de demolições, o projeto de estabilidade ou o projeto de escavação e contenção periférica até à data da apresentação do pedido referido no mesmo número.

4 – O presidente da câmara decide sobre o pedido previsto no n.º 1 no prazo de 15 dias a contar da data da sua apresentação.

5 – É título bastante para a execução dos trabalhos de demolição, escavação ou contenção periférica a notificação do deferimento do respetivo pedido, que o requerente, a partir do início da execução dos trabalhos por ela abrangidos, deverá guardar no local da obra.

ARTIGO 82º
Ligação às redes públicas

1 – Os alvarás a que se referem os n.ºs 1 e 4 do artigo 77º e a notificação referida no n.º 5 do artigo anterior constituem título bastante para instruir os pedi-

dos de ligação dos sistemas de água, de saneamento, de gás, de eletricidade e de telecomunicações, podendo os requerentes optar, mediante autorização das entidades gestoras, pela realização das obras indispensáveis à sua concretização nas condições regulamentares e técnicas definidas por aquelas entidades.

2 – No caso de obras sujeitas a comunicação prévia, constitui título bastante para os efeitos previstos no número anterior a apresentação dos documentos referidos no nº 2 do artigo 74º

3 – Até à apresentação do alvará de autorização de utilização, as ligações referidas no número anterior são efetuadas pelo prazo fixado no alvará respetivo ou no título da comunicação prévia, e apenas podem ser prorrogadas pelo período correspondente à prorrogação daquele prazo, salvo nos casos em que aquele alvará não haja sido emitido por razões exclusivamente imputáveis à câmara municipal.

4 – No caso de obras sujeitas a comunicação prévia, se for necessária a compatibilização de projetos com as infraestruturas existentes ou a sua realização no caso de inexistência, estas serão promovidas pela entidade prestadora ou pelo requerente, nos termos da parte final do nº 1.

SECÇÃO II
Execução dos trabalhos

ARTIGO 83º
Alterações durante a execução da obra

1 – Podem ser realizadas em obra alterações ao projeto, mediante comunicação prévia nos termos previstos no artigo 35º, desde que essa comunicação seja efetuada com a antecedência necessária para que as obras estejam concluídas antes da apresentação do requerimento a que se refere o nº 1 do artigo 63º

2 – Podem ser efetuadas sem dependência de comunicação prévia à câmara municipal as alterações em obra que não correspondam a obras que estivessem sujeitas a controlo prévio.

3 – As alterações em obra ao projeto inicialmente aprovado ou apresentado que envolvam a realização de obras de ampliação ou de alterações à implantação das edificações estão sujeitas ao procedimento previsto nos artigos 27º ou 35º, consoante os casos.

4 – Nas situações previstas nos números anteriores, apenas são apresentados os elementos instrutórios que sofreram alterações.

ARTIGO 84º
Execução das obras pela câmara municipal

1 – Sem prejuízo do disposto no presente diploma em matéria de suspensão, caducidade das licenças, autorizações ou comunicação prévia ou de cassação dos

ANEXO

respetivos títulos, a câmara municipal, para salvaguarda do património cultural, da qualidade do meio urbano e do meio ambiente, da segurança das edificações e do público em geral ou, no caso de obras de urbanização, também para proteção de interesses de terceiros adquirentes de lotes, pode promover a realização das obras por conta do titular do alvará ou do apresentante da comunicação prévia quando, por causa que seja imputável a este último:

a) Não tiverem sido iniciadas no prazo de um ano a contar da data da emissão do alvará ou do título da comunicação prévia;

b) Permanecerem interrompidas por mais de um ano;

c) Não tiverem sido concluídas no prazo fixado ou suas prorrogações, nos casos em que a câmara municipal tenha declarado a caducidade;

d) Não hajam sido efetuadas as correções ou alterações que hajam sido intimadas nos termos do artigo 105º

2 – A execução das obras referidas no número anterior e o pagamento das despesas suportadas com as mesmas efetuam-se nos termos dos artigos 107º e 108º

3 – A câmara municipal pode ainda acionar as cauções referidas nos artigos 25º e 54º

4 – Logo que se mostre reembolsada das despesas efetuadas nos termos do presente artigo, a câmara municipal procede ao levantamento do embargo que possa ter sido decretado ou, quando se trate de obras de urbanização, emite oficiosamente alvará, competindo ao presidente da câmara dar conhecimento das respetivas deliberações, quando seja caso disso, à Direção-Geral do Território, para efeitos cadastrais, e à conservatória do registo predial.

ARTIGO 85º
Execução das obras de urbanização por terceiro

1 – Qualquer adquirente dos lotes, de edifícios construídos nos lotes ou de frações autónomas dos mesmos tem legitimidade para requerer a autorização judicial para promover diretamente a execução das obras de urbanização quando, verificando-se as situações previstas no nº 1 do artigo anterior, a câmara municipal não tenha promovido a sua execução.

2 – O requerimento é instruído com os seguintes elementos:

a) Cópia do alvará ou do título da comunicação prévia, nos termos do nº 2 do artigo 74º;

b) Orçamento, a preços correntes do mercado, relativo à execução das obras de urbanização em conformidade com os projetos aprovados e condições fixadas no licenciamento;

c) Quaisquer outros elementos que o requerente entenda necessários para o conhecimento do pedido.

3 – Antes de decidir, o tribunal notifica a câmara municipal, o titular do alvará ou o apresentante da comunicação prévia para responderem no prazo de 30 dias

e ordena a realização das diligências que entenda úteis para o conhecimento do pedido, nomeadamente a inspeção judicial do local.

4 – Se deferir o pedido, o tribunal fixa especificadamente as obras a realizar e o respetivo orçamento e determina que a caução a que se refere o artigo 54º fique à sua ordem, a fim de responder pelas despesas com as obras até ao limite do orçamento.

5 – Na falta ou insuficiência da caução, o tribunal determina que os custos sejam suportados pelo município, sem prejuízo do direito de regresso deste sobre o titular do alvará ou o apresentante da comunicação prévia.

6 – O processo a que se referem os números anteriores é urgente e isento de custas.

7 – Da sentença cabe recurso nos termos gerais.

8 – Compete ao tribunal judicial da comarca onde se localiza o prédio no qual se devem realizar as obras de urbanização conhecer dos pedidos previstos no presente artigo.

9 – A câmara municipal emite oficiosamente alvará para execução de obras por terceiro, competindo ao seu presidente dar conhecimento das respetivas deliberações à Direção-Geral do Território, para efeitos cadastrais, e à conservatória do registo predial, quando:

a) Tenha havido receção provisória das obras; ou

b) Seja integralmente reembolsada das despesas efetuadas, caso se verifique a situação prevista no nº 5.

SECÇÃO III
Conclusão e receção dos trabalhos

ARTIGO 86º
Limpeza da área e reparação de estragos

1 – Concluída a obra, o dono da mesma é obrigado a proceder ao levantamento do estaleiro, à limpeza da área, de acordo com o regime da gestão de resíduos de construção e demolição nela produzidos, e à reparação de quaisquer estragos ou deteriorações que tenha causado em infraestruturas públicas.

2 – O cumprimento do disposto no número anterior é condição da emissão do alvará de autorização de utilização ou da receção provisória das obras de urbanização, salvo quando tenha sido prestada, em prazo a fixar pela câmara municipal, caução para garantia da execução das operações referidas no mesmo número.

ARTIGO 87º
Receção provisória e definitiva das obras de urbanização

1 – É da competência da câmara municipal deliberar sobre a receção provisória e definitiva das obras de urbanização após a sua conclusão e o decurso do prazo de garantia, respetivamente, mediante requerimento do interessado.

ANEXO

2 – A receção é precedida de vistoria, a realizar por uma comissão da qual fazem parte o interessado ou um seu representante e, pelo menos, dois representantes da câmara municipal.

3 – À receção provisória e definitiva, bem como às respetivas vistorias, é aplicável, com as necessárias adaptações, o regime aplicável à receção provisória e definitiva das empreitadas de obras públicas.

4 – Em caso de deficiência das obras de urbanização, como tal assinaladas no auto de vistoria, se o titular das obras de urbanização não reclamar ou vir indeferida a sua reclamação e não proceder à sua correção no prazo para o efeito fixado, a câmara municipal procede em conformidade com o disposto no artigo 84º

5 – O prazo de garantia das obras de urbanização é de cinco anos.

ARTIGO 88º
Obras inacabadas

1 – Quando as obras já tenham atingido um estado avançado de execução mas a licença ou comunicação prévia haja caducado, pode ser requerida a concessão de licença especial para a sua conclusão, desde que não se mostre aconselhável a demolição da obra, por razões ambientais, urbanísticas, técnicas ou económicas.

2 – *[Revogado]*.

3 – *[Revogado]*.

4 – *[Revogado]*.

SECÇÃO IV
Utilização e conservação do edificado

ARTIGO 89º
Dever de conservação

1 – As edificações devem ser objeto de obras de conservação pelo menos uma vez em cada período de oito anos, devendo o proprietário, independentemente desse prazo, realizar todas as obras necessárias à manutenção da sua segurança, salubridade e arranjo estético.

2 – Sem prejuízo do disposto no número anterior, a câmara municipal pode a todo o tempo, oficiosamente ou a requerimento de qualquer interessado, determinar a execução de obras de conservação necessárias à correção de más condições de segurança ou de salubridade ou à melhoria do arranjo estético.

3 – A câmara municipal pode, oficiosamente ou a requerimento de qualquer interessado, ordenar a demolição total ou parcial das construções que ameacem ruína ou ofereçam perigo para a saúde pública e para a segurança das pessoas.

4 – Os atos referidos nos números anteriores são eficazes a partir da sua notificação ao proprietário.

ARTIGO 89º-A
Proibição de deterioração

1 – O proprietário não pode, dolosamente, provocar ou agravar uma situação de falta de segurança ou de salubridade, provocar a deterioração do edifício ou prejudicar o seu arranjo estético.

2 – Presume-se, salvo prova em contrário, existir violação pelo proprietário do disposto no número anterior nas seguintes situações:

a) Quando o edifício, encontrando-se total ou parcialmente devoluto, tenha apenas os vãos do piso superior ou dos pisos superiores desguarnecidos;

b) Quando estejam em falta elementos decorativos, nomeadamente cantarias ou revestimento azulejar relevante, em áreas da edificação que não sejam acessíveis pelos transeuntes, sendo patente que tal falta resulta de atuação humana.

3 – A proibição constante do nº 1 é aplicável, além do proprietário, a qualquer pessoa singular ou coletiva.

ARTIGO 90º
Vistoria prévia

1 – As deliberações referidas nos nºs 2 e 3 do artigo 89º são precedidas de vistoria a realizar por três técnicos a nomear pela câmara municipal, dois dos quais com habilitação legal para ser autor de projeto, correspondentes à obra objeto de vistoria, segundo o regime da qualificação profissional dos técnicos responsáveis pela elaboração e subscrição de projetos.

2 – Do ato que determinar a realização da vistoria e respetivos fundamentos é notificado o proprietário do imóvel, mediante carta registada expedida com, pelo menos, sete dias de antecedência.

3 – Até à véspera da vistoria, o proprietário pode indicar um perito para intervir na realização da vistoria e formular quesitos a que deverão responder os técnicos nomeados.

4 – Da vistoria é imediatamente lavrado auto, do qual constam obrigatoriamente a identificação do imóvel, a descrição do estado do mesmo e as obras preconizadas e, bem assim, as respostas aos quesitos que sejam formuladas pelo proprietário.

5 – A descrição do estado do imóvel, a que se refere o número anterior, inclui a identificação do seu estado de conservação, apurado através da determinação do nível de conservação do imóvel de acordo com o disposto no artigo 5º do Decreto-Lei nº 266-B/2012, de 31 de dezembro, e na respetiva regulamentação.

6 – O auto referido no nº 4 é assinado por todos os técnicos e pelo perito que hajam participado na vistoria e, se algum deles não quiser ou não puder assiná-lo, faz-se menção desse facto.

ANEXO

7 – Quando o proprietário não indique perito até à data referida no nº 3, a vistoria é realizada sem a presença deste, sem prejuízo de, em eventual impugnação administrativa ou contenciosa da deliberação em causa, o proprietário poder alegar factos não constantes do auto de vistoria, quando prove que não foi regularmente notificado nos termos do nº 2.

8 – As formalidades previstas no presente artigo podem ser preteridas quando exista risco iminente de desmoronamento ou grave perigo para a saúde pública, nos termos previstos na lei para o estado de necessidade.

ARTIGO 91º
Obras coercivas

1 – Quando o proprietário não iniciar as obras que lhe sejam determinadas nos termos do artigo 89º ou não as concluir dentro dos prazos que para o efeito lhe forem fixados, pode a câmara municipal tomar posse administrativa do imóvel para lhes dar execução imediata.

2 – À execução coerciva das obras referidas no número anterior aplica-se, com as devidas adaptações, o disposto nos artigos 107º e 108º

ARTIGO 92º
Despejo administrativo

1 – A câmara municipal pode ordenar o despejo sumário dos prédios ou parte de prédios nos quais haja de realizar-se as obras referidas nos nºs 2 e 3 do artigo 89º, sempre que tal se mostre necessário à execução das mesmas.

2 – O despejo referido no número anterior pode ser determinado oficiosamente ou, quando o proprietário pretenda proceder às mesmas, a requerimento deste.

3 – A deliberação que ordene o despejo é eficaz a partir da sua notificação aos ocupantes.

4 – O despejo deve executar-se no prazo de 45 dias a contar da sua notificação aos ocupantes, salvo quando houver risco iminente de desmoronamento ou grave perigo para a saúde pública, em que poderá executar-se imediatamente.

5 – Ao despejo de ocupante titular de contrato de arrendamento aplica-se o disposto no Decreto-Lei nº 157/2006, de 8 de agosto.

SECÇÃO V
Fiscalização

SUBSECÇÃO I
Disposições gerais

ARTIGO 93º
Âmbito

1 – A realização de quaisquer operações urbanísticas está sujeita a fiscalização administrativa, independentemente de estarem isentas de controlo prévio ou da sua sujeição a prévio licenciamento, comunicação prévia ou autorização de utilização.

2 – A fiscalização administrativa destina-se a assegurar a conformidade daquelas operações com as disposições legais e regulamentares aplicáveis e a prevenir os perigos que da sua realização possam resultar para a saúde e segurança das pessoas.

ARTIGO 94º
Competência

1 – Sem prejuízo das competências atribuídas por lei a outras entidades, a fiscalização prevista no artigo anterior compete ao presidente da câmara municipal, com a faculdade de delegação em qualquer dos vereadores.

2 – Os atos praticados pelo presidente da câmara municipal no exercício dos poderes de fiscalização previstos no presente diploma e que envolvam um juízo de legalidade de atos praticados pela câmara municipal respetiva, ou que suspendam ou ponham termo à sua eficácia, podem ser por esta revogados ou suspensos.

3 – No exercício da atividade de fiscalização, o presidente da câmara municipal é auxiliado por funcionários municipais com formação adequada, a quem incumbe preparar e executar as suas decisões.

4 – O presidente da câmara municipal pode ainda solicitar colaboração de quaisquer autoridades administrativas ou policiais.

5 – A câmara municipal pode contratar com empresas privadas habilitadas a efetuar fiscalização de obras a realização das inspeções a que se refere o artigo seguinte, bem como as vistorias referidas no artigo 64º

6 – A celebração dos contratos referidos no número anterior depende da observância das regras constantes de decreto regulamentar, de onde constam o âmbito das obrigações a assumir pelas empresas, o respetivo regime da responsabilidade e as garantias a prestar.

ANEXO

ARTIGO 95º
Inspeções

1 – Os funcionários municipais responsáveis pela fiscalização de obras ou as empresas privadas a que se refere o nº 5 do artigo anterior podem realizar inspeções aos locais onde se desenvolvam atividades sujeitas a fiscalização nos termos do presente diploma, sem dependência de prévia notificação.

2 – O disposto no número anterior não dispensa a obtenção de prévio mandado judicial para a entrada no domicílio de qualquer pessoa sem o seu consentimento.

3 – O mandado previsto no número anterior é concedido pelo juiz da comarca respetiva a pedido do presidente da câmara municipal e segue os termos do procedimento cautelar comum.

ARTIGO 96º
Vistorias

1 – Para além dos casos especialmente previstos no presente diploma, o presidente da câmara municipal pode ordenar a realização de vistorias aos imóveis em que estejam a ser executadas operações urbanísticas quando o exercício dos poderes de fiscalização dependa da prova de factos que, pela sua natureza ou especial complexidade, impliquem uma apreciação valorativa de caráter pericial.

2 – As vistorias ordenadas nos termos do número anterior regem-se pelo disposto no artigo 90º e as suas conclusões são obrigatoriamente seguidas na decisão a que respeita.

ARTIGO 97º
Livro de obra

1 – Todos os factos relevantes relativos à execução de obras licenciadas ou objeto de comunicação prévia devem ser registados pelo respetivo diretor de obra no livro de obra, a conservar no local da sua realização para consulta pelos funcionários municipais responsáveis pela fiscalização de obras.

2 – São obrigatoriamente registados no livro de obra, para além das respetivas datas de início e conclusão, todos os factos que impliquem a sua paragem ou suspensão, bem como todas as alterações feitas ao projeto licenciado ou comunicado.

3 – O modelo e demais registos a inscrever no livro de obra são definidos por portaria dos membros do Governo responsáveis pelas obras públicas e pelo ordenamento do território, a qual fixa igualmente as características do livro de obra eletrónico.

SUBSECÇÃO II
Sanções

ARTIGO 98º
Contraordenações

1 – Sem prejuízo da responsabilidade civil, criminal ou disciplinar, são puníveis como contraordenação:

a) A realização de quaisquer operações urbanísticas sujeitas a prévio licenciamento sem o respetivo alvará de licenciamento, exceto nos casos previstos nos artigos 81º e 113º;

b) A realização de quaisquer operações urbanísticas em desconformidade com o respetivo projeto ou com as condições do licenciamento ou da comunicação prévia;

c) A execução de trabalhos em violação do disposto no nº 2 do artigo 80º-A;

d) A ocupação de edifícios ou suas frações autónomas sem autorização de utilização ou em desacordo com o uso fixado no respetivo alvará ou comunicação prévia, salvo se estes não tiverem sido emitidos no prazo legal por razões exclusivamente imputáveis à câmara municipal;

e) As falsas declarações dos autores e coordenador de projetos no termo de responsabilidade relativamente à observância das normas técnicas gerais e específicas de construção, bem como das disposições legais e regulamentares aplicáveis ao projeto;

f) As falsas declarações no termo de responsabilidade do diretor de obra e do diretor de fiscalização de obra ou de outros técnicos relativamente:

i) À conformidade da execução da obra com o projeto aprovado e com as condições da licença ou da comunicação prévia apresentada;

ii) À conformidade das alterações efetuadas ao projeto com as normas legais e regulamentares aplicáveis;

g) A subscrição de projeto da autoria de quem, por razões de ordem técnica, legal ou disciplinar, se encontre inibido de o elaborar;

h) O prosseguimento de obras cujo embargo tenha sido legitimamente ordenado;

i) A não afixação ou a afixação de forma não visível do exterior do prédio, durante o decurso do procedimento de licenciamento ou autorização, do aviso que publicita o pedido de licenciamento ou autorização;

j) A não manutenção de forma visível do exterior do prédio, até à conclusão da obra, do aviso que publicita o alvará ou a comunicação prévia;

l) A falta do livro de obra no local onde se realizam as obras;

m) A falta dos registos do estado de execução das obras no livro de obra;

n) A não remoção dos entulhos e demais detritos resultantes da obra nos termos do artigo 86º;

ANEXO

o) A ausência de requerimento a solicitar à câmara municipal o averbamento de substituição do requerente, do autor de projeto, de diretor de obra ou diretor de fiscalização de obra, do titular do alvará de construção ou do título de registo emitido pelo InCI, I. P., bem como do titular de alvará de licença ou apresentante da comunicação prévia;

p) A ausência do número de alvará de loteamento ou da comunicação prévia nos anúncios ou em quaisquer outras formas de publicidade à alienação dos lotes de terreno, de edifícios ou frações autónomas nele construídos;

q) A não comunicação à câmara municipal dos negócios jurídicos de que resulte o fracionamento ou a divisão de prédios rústicos no prazo de 20 dias a contar da data de celebração;

r) A realização de operações urbanísticas sujeitas a comunicação prévia sem que esta tenha ocorrido;

s) A não conclusão das operações urbanísticas referidas nos n.ºs 2 e 3 do artigo 89.º nos prazos fixados para o efeito;

t) A deterioração dolosa da edificação pelo proprietário ou por terceiro ou a violação grave do dever de conservação.

2 – A contraordenação prevista nas alíneas *a)* e *r)* do número anterior é punível com coima graduada de € 500 até ao máximo de € 200 000, no caso de pessoa singular, e de € 1500 até € 450 000, no caso de pessoa coletiva.

3 – A contraordenação prevista na alínea *b)* do n.º 1 é punível com coima graduada de € 1500 até ao máximo de € 200 000, no caso de pessoa singular, e de € 3000 até € 450 000, no caso de pessoa coletiva.

4 – A contraordenação prevista nas alíneas *c)*, *d)*, *s)* e *t)* do n.º 1 é punível com coima graduada de € 500 até ao máximo de € 100 000, no caso de pessoa singular, e de € 1500 até € 250 000, no caso de pessoa coletiva.

5 – As contraordenações previstas nas alíneas *e)* a *h)* do n.º 1 são puníveis com coima graduada de € 1500 até ao máximo de € 200 000.

6 – As contraordenações previstas nas alíneas *i)* a *n)* e *p)* do n.º 1 são puníveis com coima graduada de € 250 até ao máximo de € 50 000, no caso de pessoa singular, e de € 1000 até € 100 000, no caso de pessoa coletiva.

7 – A contraordenação prevista nas alíneas *o)* e *q)* do n.º 1 é punível com coima graduada de € 100 até ao máximo de € 2500, no caso de pessoa singular, e de € 500 até € 10 000, no caso de pessoa coletiva.

8 – Quando as contraordenações referidas no n.º 1 sejam praticadas em relação a operações urbanísticas que hajam sido objeto de comunicação prévia nos termos do presente diploma, os montantes máximos das coimas referidos nos n.ºs 3 a 5 anteriores são agravados em € 50 000 e os das coimas referidas nos n.ºs 6 e 7 em € 25 000.

9 – A tentativa e a negligência são puníveis.

MAIS UMA ALTERAÇÃO AO REGIME JURÍDICO DA URBANIZAÇÃO E DA EDIFICAÇÃO

10 – A competência para determinar a instauração dos processos de contraordenação, para designar o instrutor e para aplicar as coimas pertence ao presidente da câmara municipal, podendo ser delegada em qualquer dos seus membros.

11 – O produto da aplicação das coimas referidas no presente artigo reverte para o município, inclusive quando as mesmas sejam cobradas em juízo.

ARTIGO 99º
Sanções acessórias

1 – As contraordenações previstas no nº 1 do artigo anterior podem ainda determinar, quando a gravidade da infração o justifique, a aplicação das seguintes sanções acessórias:

a) A apreensão dos objetos pertencentes ao agente que tenham sido utilizados como instrumento na prática da infração;

b) A interdição do exercício no município, até ao máximo de quatro anos, da profissão ou atividade conexas com a infração praticada;

c) A privação do direito a subsídios outorgados por entidades ou serviços públicos.

2 – As sanções previstas no nº 1, bem como as previstas no artigo anterior, quando aplicadas a empresas de construção, empreiteiros ou construtores, são comunicadas ao InCI, I. P.

3 – As sanções aplicadas ao abrigo do disposto nas alíneas *e)*, *f)* e *g)* do nº 1 do artigo anterior aos autores dos projetos, responsáveis pela direção técnica da obra ou a quem subscreva o termo de responsabilidade previsto no artigo 63º são comunicadas à respetiva ordem ou associação profissional, quando exista.

4 – A interdição de exercício de atividade prevista na alínea *b)* do nº 1, quando aplicada a pessoa coletiva, estende-se a outras pessoas coletivas constituídas pelos mesmos sócios.

ARTIGO 100º
Responsabilidade criminal

1 – O desrespeito dos atos administrativos que determinem qualquer das medidas de tutela da legalidade urbanística previstas no presente diploma constitui crime de desobediência, nos termos do artigo 348º do Código Penal.

2 – As falsas declarações ou informações prestadas pelos responsáveis referidos nas alíneas *e)* e *f)* do nº 1 do artigo 98º, nos termos de responsabilidade ou no livro de obra integram o crime de falsificação de documentos, nos termos do artigo 256º do Código Penal.

ANEXO

ARTIGO 100º-A
Responsabilidade civil dos intervenientes nas operações urbanísticas

1 – As pessoas jurídicas que violem, com dolo ou negligência, por ação ou omissão, os deveres inerentes ao exercício da atividade a que estejam obrigados por contrato ou por norma legal ou regulamentar aplicável são responsáveis pelo ressarcimento dos danos causados a terceiros e pelos custos e encargos das medidas específicas de reconstituição da situação que existiria caso a ordem jurídica urbanística não tivesse sido violada.

2 – Relativamente a operações urbanísticas sujeitas a controlo prévio que tenham sido desenvolvidas em violação das condições previstas na licença, comunicação prévia ou autorização, consideram-se solidariamente responsáveis os empreiteiros, os diretores da obra e os responsáveis pela fiscalização, sem prejuízo da responsabilidade dos promotores e dos donos da obra, nos termos gerais.

3 – Relativamente a operações urbanísticas sujeitas a controlo prévio que tenham sido realizadas sem tal controlo ou estejam em desconformidade com os seus pressupostos ou com qualquer das condições previstas na lei para a isenção de controlo prévio, consideram-se solidariamente responsáveis os promotores e donos da obra, os responsáveis pelos usos e utilizações existentes, bem como os empreiteiros e os diretores da obra.

4 – No caso de operações urbanísticas incompatíveis com os instrumentos de gestão territorial aplicáveis são solidariamente responsáveis:

a) Os autores e coordenadores dos projetos e dos demais documentos técnicos;

b) Os diretores da obra;

c) Os responsáveis pela fiscalização.

5 – Consideram-se promotores, para os efeitos do disposto nos nºs 2 e 3:

a) A pessoa jurídica, pública ou privada, seja ou não proprietária dos terrenos relativamente aos quais se refere a operação urbanística, que é responsável pela sua execução ou desenvolvimento;

b) O proprietário do imóvel no qual foram executadas ou desenvolvidas operações urbanísticas, quando tenha tido conhecimento das obras, trabalhos, edificações, usos e utilizações ilícitos, presumindo-se tal conhecimento, salvo prova em contrário, quando o proprietário tenha permitido, por qualquer ato, ao responsável direto da violação o acesso à utilização do imóvel.

6 – Considera-se empreiteiro, para os efeitos do disposto nos nºs 2 e 3, a pessoa jurídica, pública ou privada, que exerce a atividade de execução das obras de edificação e urbanização e se encontre devidamente habilitada pelo InCI, I. P.

7 – As pessoas coletivas são responsáveis pelas infrações cometidas pelos seus órgãos, funcionários e agentes.

8 – Todos os intervenientes na realização de operações urbanísticas respondem solidariamente quando se verifique a impossibilidade de determinar o autor

do dano ou, havendo concorrência de culpas, não seja possível precisar o grau de intervenção de cada interveniente no dano produzido.

9 – A aprovação do projeto ou o exercício da fiscalização municipal não isentam os técnicos responsáveis pela sua fiscalização ou direção, da responsabilidade pela condução dos trabalhos em estrita observância pelas condições da licença ou da comunicação prévia.

ARTIGO 101º
Responsabilidade dos funcionários e agentes da Administração Pública

Os funcionários e agentes da Administração Pública que deixem de participar infrações às entidades fiscalizadoras ou prestem informações falsas ou erradas sobre as infrações à lei e aos regulamentos de que tenham conhecimento no exercício das suas funções incorrem em responsabilidade disciplinar, punível com pena de suspensão a demissão.

ARTIGO 101º-A
Legitimidade para a denúncia

1 – Qualquer pessoa tem legitimidade para comunicar à câmara municipal, ao Ministério Público, às ordens ou associações profissionais, ao InCI, I. P., ou a outras entidades competentes a violação das normas do presente diploma.

2 – Não são admitidas denúncias anónimas.

SUBSECÇÃO III
Medidas de tutela da legalidade urbanística

ARTIGO 102º
Reposição da legalidade urbanística

1 – Os órgãos administrativos competentes estão obrigados a adotar as medidas adequadas de tutela e restauração da legalidade urbanística quando sejam realizadas operações urbanísticas:

a) Sem os necessários atos administrativos de controlo prévio;

b) Em desconformidade com os respetivos atos administrativos de controlo prévio;

c) Ao abrigo de ato administrativo de controlo prévio revogado ou declarado nulo;

d) Em desconformidade com as condições da comunicação prévia;

e) Em desconformidade com as normas legais ou regulamentares aplicáveis.

2 – As medidas a que se refere o número anterior podem consistir:

a) No embargo de obras ou de trabalhos de remodelação de terrenos;

ANEXO

b) Na suspensão administrativa da eficácia de ato de controlo prévio;

c) Na determinação da realização de trabalhos de correção ou alteração, sempre que possível;

d) Na legalização das operações urbanísticas;

e) Na determinação da demolição total ou parcial de obras;

f) Na reposição do terreno nas condições em que se encontrava antes do início das obras ou trabalhos;

g) Na determinação da cessação da utilização de edifícios ou suas frações autónomas.

3 – Independentemente das situações previstas no nº 1, a câmara municipal pode:

a) Determinar a execução de obras de conservação necessárias à correção de más condições de segurança ou salubridade ou à melhoria do arranjo estético;

b) Determinar a demolição, total ou parcial, das construções que ameacem ruína ou ofereçam perigo para a saúde pública e segurança das pessoas.

4 – *[Revogado].*

5 – *[Revogado].*

6 – *[Revogado].*

7 – *[Revogado].*

8 – *[Revogado].*

ARTIGO 102º-A
Legalização

1 – Quando se verifique a realização de operações urbanísticas ilegais nos termos do nº 1 do artigo anterior, se for possível assegurar a sua conformidade com as disposições legais e regulamentares em vigor, a câmara municipal notifica os interessados para a legalização das operações urbanísticas, fixando um prazo para o efeito.

2 – O procedimento de legalização deve ser instruído com os elementos exigíveis em função da pretensão concreta do requerente, com as especificidades constantes dos números seguintes.

3 – A câmara municipal pode solicitar a entrega dos documentos e elementos, nomeadamente os projetos das especialidade e respetivos termos de responsabilidade ou os certificados de aprovação emitidos pelas entidades certificadoras competentes, que se afigurem necessários, designadamente, para garantir a segurança e saúde públicas.

4 – Para efeitos do disposto no número anterior, é dispensada, nos casos em que não haja obras de ampliação ou de alteração a realizar, a apresentação dos seguintes elementos:

a) Calendarização da execução da obra;

MAIS UMA ALTERAÇÃO AO REGIME JURÍDICO DA URBANIZAÇÃO E DA EDIFICAÇÃO

b) Estimativa do custo total da obra;

c) Documento comprovativo da prestação de caução;

d) Apólice de seguro de construção;

e) Apólice de seguro que cubra a responsabilidade pela reparação dos danos emergentes de acidentes de trabalho;

f) Títulos habilitantes para o exercício da atividade de construção válidos à data da construção da obra;

g) Livro de obra;

h) Plano de segurança e saúde.

5 – Pode ser dispensado o cumprimento de normas técnicas relativas à construção cujo cumprimento se tenha tornado impossível ou que não seja razoável exigir, desde que se verifique terem sido cumpridas as condições técnicas vigentes à data da realização da operação urbanística em questão, competindo ao requerente fazer a prova de tal data.

6 – O interessado na legalização da operação urbanística pode solicitar à câmara municipal informação sobre os termos em que esta se deve processar, devendo a câmara municipal fornecer essa informação no prazo máximo de 15 dias.

7 – Os municípios aprovam os regulamentos necessários para concretizar e executar o disposto no presente artigo, devendo, designadamente, concretizar os procedimentos em função das operações urbanísticas e pormenorizar, sempre que possível, os aspetos que envolvam a formulação de valorações próprias do exercício da função administrativa, em especial os morfológicos e estéticos.

8 – Nos casos em que os interessados não promovam as diligências necessárias à legalização voluntária das operações urbanísticas, a câmara municipal pode proceder oficiosamente à legalização, exigindo o pagamento das taxas fixadas em regulamento municipal.

9 – A faculdade concedida no número anterior apenas pode ser exercida quando estejam em causa obras que não impliquem a realização de cálculos de estabilidade.

10 – Caso o requerente, tendo sido notificado para o pagamento das taxas devidas, não proceda ao respetivo pagamento, é promovido o procedimento de execução fiscal do montante liquidado.

11 – A legalização oficiosa tem por único efeito o reconhecimento de que as obras promovidas cumprem os parâmetros urbanísticos previstos nos instrumentos de gestão territorial aplicáveis, sendo efetuada sob reserva de direitos de terceiros.

ANEXO

ARTIGO 102º-B
Embargo

1 – Sem prejuízo das competências atribuídas por lei a outras entidades, o presidente da câmara municipal é competente para embargar obras de urbanização, de edificação ou de demolição, bem como quaisquer trabalhos de remodelação de terrenos, quando estejam a ser executadas:

a) Sem a necessária licença ou comunicação prévia;

b) Em desconformidade com o respetivo projeto ou com as condições do licenciamento ou comunicação prévia, salvo o disposto no artigo 83º; ou

c) Em violação das normas legais e regulamentares aplicáveis.

2 – A notificação é feita ao responsável pela direção técnica da obra, bem como ao titular do alvará de licença ou apresentante da comunicação prévia e, quando possível, ao proprietário do imóvel no qual estejam a ser executadas as obras ou seu representante, sendo suficiente para obrigar à suspensão dos trabalhos qualquer dessas notificações ou a de quem se encontre a executar a obra no local.

3 – Após o embargo, é de imediato lavrado o respetivo auto, que contém, obrigatória e expressamente, a identificação do funcionário municipal responsável pela fiscalização de obras, das testemunhas e do notificado, a data, a hora e o local da diligência e as razões de facto e de direito que a justificam, o estado da obra e a indicação da ordem de suspensão e proibição de prosseguir a obra e do respetivo prazo, bem como as cominações legais do seu incumprimento.

4 – O auto é redigido em duplicado e assinado pelo funcionário e pelo notificado, ficando o duplicado na posse deste.

5 – No caso de a ordem de embargo incidir apenas sobre parte da obra, o respetivo auto faz expressa menção de que o embargo é parcial e identifica claramente qual é a parte da obra que se encontra embargada.

6 – O auto de embargo é notificado às pessoas identificadas no nº 2 e disponibilizado no sistema informático referido no artigo 8º-A, no prazo de cinco dias úteis.

7 – No caso de as obras estarem a ser executadas por pessoa coletiva, o embargo e o respetivo auto são ainda comunicados para a respetiva sede social ou representação em território nacional.

8 – O embargo, assim como a sua cessação ou caducidade, é objeto de registo na conservatória do registo predial, mediante comunicação do despacho que o determinou, procedendo-se aos necessários averbamentos.

ARTIGO 103º
Efeitos do embargo

1 – O embargo obriga à suspensão imediata, no todo ou em parte, dos trabalhos de execução da obra.

2 – Tratando-se de obras licenciadas ou objeto de comunicação prévia, o embargo determina também a suspensão da eficácia da respetiva licença ou, no caso de comunicação prévia, a imediata cessação da operação urbanística, bem como, no caso de obras de urbanização, a suspensão de eficácia da licença de loteamento urbano a que a mesma respeita ou a cessação das respetivas obras.

3 – É interdito o fornecimento de energia elétrica, gás e água às obras embargadas, devendo para o efeito ser notificado o ato que o ordenou às entidades responsáveis pelos referidos fornecimentos.

4 – O embargo, ainda que parcial, suspende o prazo que estiver fixado para a execução das obras no respetivo alvará de licença ou estabelecido na comunicação prévia.

ARTIGO 104º
Caducidade do embargo

1 – A ordem de embargo caduca logo que for proferida uma decisão que defina a situação jurídica da obra com caráter definitivo ou no termo do prazo que tiver sido fixado para o efeito.

2 – Na falta de fixação de prazo para o efeito, a ordem de embargo caduca se não for proferida uma decisão definitiva no prazo de seis meses, prorrogável uma única vez por igual período.

ARTIGO 105º
Trabalhos de correção ou alteração

1 – Nas situações previstas nas alíneas *b)* e *c)* do nº 1 do artigo 102º, o presidente da câmara municipal pode ainda, quando for caso disso, ordenar a realização de trabalhos de correção ou alteração da obra, fixando um prazo para o efeito, tendo em conta a natureza e o grau de complexidade dos mesmos.

2 – Decorrido o prazo referido no número anterior sem que aqueles trabalhos se encontrem integralmente realizados, a obra permanece embargada até ser proferida uma decisão que defina a sua situação jurídica com caráter definitivo.

3 – Tratando-se de obras de urbanização ou de outras obras indispensáveis para assegurar a proteção de interesses de terceiros ou o correto ordenamento urbano, a câmara municipal pode promover a realização dos trabalhos de correção ou alteração por conta do titular da licença ou do apresentante da comunicação prévia, nos termos dos artigos 107º e 108º

4 – A ordem de realização de trabalhos de correção ou alteração suspende o prazo que estiver fixado no respetivo alvará de licença ou estabelecido na comunicação prévia pelo período estabelecido nos termos do nº 1.

ANEXO

5 – O prazo referido no nº 1 interrompe-se com a apresentação de pedido de alteração à licença ou comunicação prévia, nos termos, respetivamente, dos artigos 27º e 35º

ARTIGO 106º
Demolição da obra e reposição do terreno

1 – O presidente da câmara municipal pode igualmente, quando for caso disso, ordenar a demolição total ou parcial da obra ou a reposição do terreno nas condições em que se encontrava antes da data de início das obras ou trabalhos, fixando um prazo para o efeito.

2 – A demolição pode ser evitada se a obra for suscetível de ser licenciada ou objeto de comunicação prévia ou se for possível assegurar a sua conformidade com as disposições legais e regulamentares que lhe são aplicáveis mediante a realização de trabalhos de correção ou de alteração.

3 – A ordem de demolição ou de reposição a que se refere o nº 1 é antecedida de audição do interessado, que dispõe de 15 dias a contar da data da sua notificação para se pronunciar sobre o conteúdo da mesma.

4 – Decorrido o prazo referido no nº 1 sem que a ordem de demolição da obra ou de reposição do terreno se mostre cumprida, o presidente da câmara municipal determina a demolição da obra ou a reposição do terreno por conta do infrator.

ARTIGO 107º
Posse administrativa e execução coerciva

1 – Sem prejuízo da responsabilidade criminal, em caso de incumprimento de qualquer das medidas de tutela da legalidade urbanística previstas nos artigos anteriores o presidente da câmara pode determinar a posse administrativa do imóvel onde está a ser realizada a obra, por forma a permitir a execução coerciva de tais medidas.

2 – O ato administrativo que tiver determinado a posse administrativa é notificado ao dono da obra e aos demais titulares de direitos reais sobre o imóvel por carta registada com aviso de receção.

3 – A posse administrativa é realizada pelos funcionários municipais responsáveis pela fiscalização de obras, mediante a elaboração de um auto onde, para além de se identificar o ato referido no número anterior, é especificado o estado em que se encontra o terreno, a obra e as demais construções existentes no local, bem como os equipamentos que ali se encontrarem.

4 – Tratando-se da execução coerciva de uma ordem de embargo, os funcionários municipais responsáveis pela fiscalização de obras procedem à selagem do estaleiro da obra e dos respetivos equipamentos.

5 – Em casos devidamente justificados, o presidente da câmara pode autorizar a transferência ou a retirada dos equipamentos do local de realização da obra, por sua iniciativa ou a requerimento do dono da obra ou do seu empreiteiro.

6 – O dono da obra ou o seu empreiteiro devem ser notificados sempre que os equipamentos sejam depositados noutro local.

7 – A posse administrativa do terreno e dos equipamentos mantém-se pelo período necessário à execução coerciva da respetiva medida de tutela da legalidade urbanística, caducando no termo do prazo fixado para a mesma.

8 – Tratando-se de execução coerciva de uma ordem de demolição ou de trabalhos de correção ou alteração de obras, estas devem ser executadas no mesmo prazo que havia sido concedido para o efeito ao seu destinatário, contando-se aquele prazo a partir da data de início da posse administrativa.

9 – *[Revogado]*.

ARTIGO 108º
Despesas realizadas com a execução coerciva

1 – As quantias relativas às despesas realizadas nos termos do artigo anterior, incluindo quaisquer indemnizações ou sanções pecuniárias que a Administração tenha de suportar para o efeito, são de conta do infrator.

2 – Quando aquelas quantias não forem pagas voluntariamente no prazo de 20 dias a contar da notificação para o efeito, são cobradas judicialmente em processo de execução fiscal, servindo de título executivo certidão, passada pelos serviços competentes, comprovativa das despesas efetuadas, podendo ainda a câmara aceitar, para extinção da dívida, dação em cumprimento ou em função do cumprimento nos termos da lei.

3 – O crédito referido no nº 1 goza de privilégio imobiliário sobre o lote ou terrenos onde se situa a edificação, graduado a seguir aos créditos referidos na alínea *b)* do artigo 748º do Código Civil.

ARTIGO 108º-A

[Revogado].

Artigo 109º
Cessação da utilização

1 – Sem prejuízo do disposto nos nºs 1 e 2 do artigo 2º do Decreto-Lei nº 281/99, de 26 de julho, o presidente da câmara municipal é competente para ordenar e fixar prazo para a cessação da utilização de edifícios ou de suas frações autónomas quando sejam ocupados sem a necessária autorização de utilização ou quando estejam a ser afetos a fim diverso do previsto no respetivo alvará.

ANEXO

2 – Quando os ocupantes dos edifícios ou suas frações não cessem a utilização indevida no prazo fixado, pode a câmara municipal determinar o despejo administrativo, aplicando-se, com as devidas adaptações, o disposto no artigo 92º

3 – O despejo determinado nos termos do número anterior deve ser sobrestado quando, tratando-se de edifício ou sua fração que estejam a ser utilizados para habitação, o ocupante mostre, por atestado médico, que a execução do mesmo põe em risco de vida, por razão de doença aguda, a pessoa que se encontre no local.

4 – Na situação referida no número anterior, o despejo não pode prosseguir enquanto a câmara municipal não providencie pelo realojamento da pessoa em questão, a expensas do responsável pela utilização indevida, nos termos do artigo anterior.

CAPÍTULO IV
Garantias dos particulares

ARTIGO 110º
Direito à informação

1 – Qualquer interessado tem o direito de ser informado pela respetiva câmara municipal:

a) Sobre os instrumentos de desenvolvimento e de gestão territorial em vigor para determinada área do município, bem como das demais condições gerais a que devem obedecer as operações urbanísticas a que se refere o presente diploma;

b) Sobre o estado e andamento dos processos que lhes digam diretamente respeito, com especificação dos atos já praticados e do respetivo conteúdo, e daqueles que ainda devam sê-lo, bem como dos prazos aplicáveis a estes últimos.

2 – As informações previstas no número anterior devem ser prestadas independentemente de despacho e no prazo de 15 dias.

3 – Os interessados têm o direito de consultar os processos que lhes digam diretamente respeito, nomeadamente por via eletrónica, e de obter as certidões ou reproduções autenticadas dos documentos que os integram, mediante o pagamento das importâncias que forem devidas.

4 – O acesso aos processos e passagem de certidões deve ser requerido por escrito, salvo consulta por via eletrónica, e é facultado independentemente de despacho e no prazo de 10 dias a contar da data da apresentação do respetivo requerimento.

5 – A câmara municipal fixa, no mínimo, um dia por semana para que os serviços municipais competentes estejam especificadamente à disposição dos cidadãos para a apresentação de eventuais pedidos de esclarecimento ou de informação ou reclamações.

6 – Os direitos referidos nos nºs 1 e 3 são extensivos a quaisquer pessoas que provem ter interesse legítimo no conhecimento dos elementos que pretendem e ainda, para defesa de interesses difusos definidos na lei, quaisquer cidadãos no gozo dos seus direitos civis e políticos e as associações e fundações defensoras de tais interesses.

ARTIGO 111º
Silêncio da Administração

Decorridos os prazos fixados para a prática de qualquer ato especialmente regulado no presente diploma sem que o mesmo se mostre praticado, observa-se o seguinte:

a) Tratando-se de ato que devesse ser praticado por qualquer órgão municipal no âmbito do procedimento de licenciamento, o interessado pode recorrer ao processo regulado no artigo 112º;

b) [Revogada];

c) Tratando-se de qualquer outro ato, considera-se tacitamente deferida a pretensão, com as consequências gerais.

ARTIGO 112º
Intimação judicial para a prática de ato legalmente devido

1 – No caso previsto na alínea *a)* do artigo 111º, pode o interessado pedir ao tribunal administrativo de círculo da área da sede da autoridade requerida a intimação da autoridade competente para proceder à prática do ato que se mostre devido.

2 – O requerimento de intimação deve ser apresentado em duplicado e instruído com cópia do requerimento para a prática do ato devido.

3 – A secretaria, logo que registe a entrada do requerimento, expede por via postal notificação à autoridade requerida, acompanhada do duplicado, para responder no prazo de 14 dias.

4 – Junta a resposta ou decorrido o respetivo prazo, o processo vai com vista ao Ministério Público, por dois dias, e seguidamente é concluso ao juiz, para decidir no prazo de cinco dias.

5 – Se não houver fundamento de rejeição, o requerimento só será indeferido quando a autoridade requerida faça prova da prática do ato devido até ao termo do prazo fixado para a resposta.

6 – Na decisão, o juiz estabelece prazo não superior a 30 dias para que a autoridade requerida pratique o ato devido e fixa sanção pecuniária compulsória, nos termos previstos no Código de Processo nos Tribunais Administrativos.

7 – Ao pedido de intimação é aplicável o disposto no Código de Processo nos Tribunais Administrativos quanto aos processos urgentes.

ANEXO

8 – O recurso da decisão tem efeito meramente devolutivo.

9 – Decorrido o prazo fixado pelo tribunal sem que se mostre praticado o ato devido, o interessado pode prevalecer-se do disposto no artigo 113º, com exceção do disposto no número seguinte.

10 – Na situação prevista no número anterior, tratando-se de aprovação do projeto de arquitetura, o interessado pode juntar os projetos das especialidades e outros estudos ou, caso já o tenha feito no requerimento inicial, inicia-se a contagem do prazo previsto na alínea *c)* do nº 1 do artigo 23º

ARTIGO 113º
Deferimento tácito

1 – Nas situações referidas no nº 9 do artigo anterior, o interessado pode iniciar e prosseguir a execução dos trabalhos de acordo com o requerimento apresentado nos termos do nº 4 do artigo 9º ou dar de imediato utilização à obra.

2 – O início dos trabalhos ou da utilização depende do prévio pagamento das taxas que se mostrem devidas nos termos do presente diploma.

3 – Quando a câmara municipal se recuse a liquidar ou a receber as taxas devidas, o interessado pode proceder ao depósito do respetivo montante em instituição de crédito à ordem da câmara municipal, ou, quando não esteja efetuada a liquidação, provar que se encontra garantido o seu pagamento mediante caução, por qualquer meio em direito admitido, por montante calculado nos termos do regulamento referido no artigo 3º

4 – Para os efeitos previstos no número anterior, devem ser afixados nos serviços de tesouraria da câmara municipal o número e a instituição bancária em que a mesma tenha conta e onde seja possível efetuar o depósito, bem como a indicação do regulamento municipal no qual se encontram previstas as taxas a que se refere o nº 2.

5 – Caso a câmara municipal não efetue a liquidação da taxa devida nem dê cumprimento ao disposto no número anterior, o interessado pode iniciar os trabalhos ou dar de imediato utilização à obra, dando desse facto conhecimento à câmara municipal e requerendo ao tribunal administrativo de círculo da área da sede da autarquia que intime esta a emitir o alvará de licença ou autorização de utilização.

6 – Ao pedido de intimação referido no número anterior aplica-se o disposto no nº 7 do artigo anterior.

7 – A certidão da sentença transitada em julgado que haja intimado à emissão do alvará de licença ou autorização de utilização substitui, para todos os efeitos legais, o alvará não emitido.

8 – Nas situações referidas no presente artigo, a obra não pode ser embargada por qualquer autoridade administrativa com fundamento na falta de licença.

ARTIGO 114º
Impugnação administrativa

1 – Os pareceres expressos que sejam emitidos por órgãos da administração central no âmbito dos procedimentos regulados no presente diploma podem ser objeto de impugnação administrativa autónoma.

2 – A impugnação administrativa de quaisquer atos praticados ou pareceres emitidos nos termos do presente diploma deve ser decidida no prazo de 30 dias, findo o qual se considera deferida.

ARTIGO 115º
Ação administrativa especial

1 – A ação administrativa especial dos atos previstos no artigo 106º tem efeito suspensivo.

2 – Com a citação da petição de recurso, a autoridade administrativa tem o dever de impedir, com urgência, o início ou a prossecução da execução do ato recorrido.

3 – A todo o tempo e até à decisão em 1ª instância, o juiz pode conceder o efeito meramente devolutivo à ação, oficiosamente ou a requerimento do recorrido ou do Ministério Público, caso do mesmo resultem indícios da ilegalidade da sua interposição ou da sua improcedência.

4 – Da decisão referida no número anterior cabe recurso com efeito meramente devolutivo, que sobe imediatamente, em separado.

CAPÍTULO V
Taxas inerentes às operações urbanísticas

ARTIGO 116º
Taxa pela realização, manutenção e reforço de infraestruturas urbanísticas

1 – A emissão dos alvarás de licença e autorização de utilização previstas no presente diploma estão sujeitas ao pagamento das taxas a que se refere a alínea *b)* do artigo 6º da Lei nº 53-E/2006, de 29 de dezembro, alterada pelas Leis nºs 64-A/2008, de 31 de dezembro, e 117/2009, de 29 de dezembro.

2 – A emissão do alvará de licença e a comunicação prévia de loteamento estão sujeitas ao pagamento das taxas a que se refere a alínea *a)* do artigo 6º da Lei nº 53-E/2006, de 29 de dezembro, alterada pelas Leis nºs 64-A/2008, de 31 de dezembro, e 117/2009, de 29 de dezembro.

3 – A emissão do alvará de licença e a comunicação prévia de obras de construção ou ampliação em área não abrangida por operação de loteamento estão igualmente sujeitas ao pagamento da taxa referida no número anterior.

ANEXO

4 – A emissão do alvará de licença parcial a que se refere o n.º 6 do artigo 23.º está também sujeita ao pagamento da taxa referida no n.º 1, não havendo lugar à liquidação da mesma aquando da emissão do alvará definitivo.

5 – Os projetos de regulamento municipal da taxa pela realização, manutenção e reforço de infraestruturas urbanísticas devem ser acompanhados da fundamentação do cálculo das taxas previstas, tendo em conta, designadamente, os seguintes elementos:

a) Programa plurianual de investimentos municipais na execução, manutenção e reforço das infraestruturas gerais, que pode ser definido por áreas geográficas diferenciadas;

b) Diferenciação das taxas aplicáveis em função dos usos e tipologias das edificações e, eventualmente, da respetiva localização e correspondentes infraestruturas locais.

6 – *[Revogado].*

ARTIGO 117º
Liquidação das taxas

1 – O presidente da câmara municipal, com o deferimento do pedido de licenciamento, procede à liquidação das taxas, em conformidade com o regulamento aprovado pela assembleia municipal.

2 – O pagamento das taxas referidas nos n.ºs 2 a 4 do artigo anterior pode, por deliberação da câmara municipal, com faculdade de delegação no presidente e de subdelegação deste nos vereadores ou nos dirigentes dos serviços municipais, ser fracionado até ao termo do prazo de execução fixado no alvará, desde que seja prestada caução nos termos do artigo 54.º

3 – Da liquidação das taxas cabe reclamação graciosa ou impugnação judicial, nos termos e com os efeitos previstos no Código de Procedimento e de Processo Tributário.

4 – A exigência, pela câmara municipal ou por qualquer dos seus membros, de mais-valias não previstas na lei ou de quaisquer contrapartidas, compensações ou donativos confere ao titular da licença ou comunicação prévia para a realização de operação urbanística, quando dê cumprimento àquelas exigências, o direito a reaver as quantias indevidamente pagas ou, nos casos em que as contrapartidas, compensações ou donativos sejam realizados em espécie, o direito à respetiva devolução e à indemnização a que houver lugar.

5 – Nos casos de autoliquidação previstos no presente diploma, as câmaras municipais devem obrigatoriamente disponibilizar os regulamentos e demais elementos necessários à sua efetivação, podendo os requerentes usar do expediente previsto no n.º 3 do artigo 113.º

CAPÍTULO VI
Disposições finais e transitórias

ARTIGO 118º
Conflitos decorrentes da aplicação dos regulamentos municipais

1 – Para a resolução de conflitos na aplicação dos regulamentos municipais previstos no artigo 3º podem os interessados requerer a intervenção de uma comissão arbitral.

2 – Sem prejuízo do disposto no nº 5, a comissão arbitral é constituída por um representante da câmara municipal, um representante do interessado e um técnico designado por cooptação, especialista na matéria sobre que incide o litígio, o qual preside.

3 – Na falta de acordo, o técnico é designado pelo presidente do tribunal administrativo de círculo competente na circunscrição administrativa do município.

4 – À constituição e funcionamento das comissões arbitrais aplica-se o disposto na lei sobre a arbitragem voluntária.

5 – As associações públicas de natureza profissional e as associações empresariais do setor da construção civil podem promover a criação de centros de arbitragem institucionalizada para a realização de arbitragens no âmbito das matérias previstas neste artigo, nos termos da lei.

ARTIGO 119º
Relação dos instrumentos de gestão territorial, das servidões e restrições de utilidade pública e de outros instrumentos relevantes

1 – As câmaras municipais devem manter atualizada a relação dos instrumentos de gestão territorial e as servidões administrativas e restrições de utilidade pública especialmente aplicáveis na área do município, nomeadamente:

a) Os referentes a programa e plano regional de ordenamento do território, planos especiais de ordenamento do território, planos municipais e intermunicipais de ordenamento do território, medidas preventivas, áreas de desenvolvimento urbano prioritário, áreas de construção prioritária, áreas de reabilitação urbana e alvarás de loteamento em vigor;

b) Zonas de proteção de imóveis classificados ou em vias de classificação, reservas arqueológicas de proteção e zonas especiais de proteção de parque arqueológico a que se refere a Lei nº 107/2001, de 8 de setembro, e o Decreto-Lei nº 309/2009, de 23 de outubro;

c) [Revogada];

d) Zonas de proteção a edifícios e outras construções de interesse público a que se referem os Decretos-Leis nºs 40 388, de 21 de novembro de 1955, e 309/2009, de 23 de outubro;

ANEXO

e) Imóveis ou elementos naturais classificados como de interesse municipal a que se refere a Lei nº 107/2001, de 8 de setembro, e o Decreto-Lei nº 309/2009, de 23 de outubro;

f) Zonas terrestres de proteção das albufeiras, lagoas ou lagos de águas públicas a que se refere o Decreto-Lei nº 107/2009, de 15 de maio;

g) Zonas terrestres de proteção dos estuários a que se refere o Decreto-Lei nº 129/2008, de 21 de julho;

h) Áreas integradas no domínio hídrico público ou privado a que se referem as Leis nºs 54/2005, de 15 de novembro, e Lei nº 58/2005, de 29 de dezembro;

i) Áreas classificadas a que se refere o Decreto-Lei nº 142/2008, de 24 de julho;

j) Áreas integradas na Reserva Agrícola Nacional a que se refere o Decreto--Lei nº 73/2009, de 31 de março;

l) Áreas integradas na Reserva Ecológica Nacional a que se refere o Decreto--Lei nº 166/2008, de 22 de agosto;

m) Zonas de proteção estabelecidas pelo Decreto-Lei nº 173/2006, de 24 de agosto.

2 – As câmaras municipais mantêm igualmente atualizada a relação dos regulamentos municipais referidos no artigo 3º, dos programas de ação territorial em execução, bem como das unidades de execução delimitadas.

3 – A informação referida nos números anteriores deve ser disponibilizada no sítio da Internet do município.

4 – Para efeitos do disposto no Decreto-Lei nº 151-B/2013, de 31 de outubro, alterado pelo Decreto-Lei nº 47/2014, de 24 de março, que aprova o regime de avaliação de impacte ambiental, sempre que esteja em causa a realização de operação urbanística sujeita a avaliação de impacte ambiental (AIA), não pode ser emitida licença ou apresentada comunicação prévia ao abrigo do presente decreto-lei sem previamente ter sido emitida declaração de impacte ambiental (DIA) favorável ou condicionalmente favorável ou, no caso de o procedimento de AIA ter decorrido em fase de estudo prévio ou de anteprojeto, emitida decisão favorável sobre a conformidade do projeto de execução com a DIA.

ARTIGO 120º
Dever de informação

1 – As câmaras municipais e as comissões de coordenação e desenvolvimento regional têm o dever de informação mútua sobre processos relativos a operações urbanísticas, o qual deve ser cumprido mediante comunicação a enviar no prazo de 20 dias a contar da data de receção do respetivo pedido.

2 – Não sendo prestada a informação prevista no número anterior, as entidades que a tiverem solicitado podem recorrer ao processo de intimação regulado nos artigos 104º e seguintes da Lei nº 15/2002, de 22 de fevereiro, alterada pela Lei nº 63/2011, de 14 de dezembro.

ARTIGO 121º
Regime das notificações e comunicações

As notificações e comunicações referidas no presente diploma e dirigidas aos requerentes efetuam-se através do sistema eletrónico a que se refere o artigo 8º-A, por correio eletrónico ou outro meio de transmissão eletrónica de dados, salvo quando estes não forem possíveis ou se mostrarem inadequados.

ARTIGO 122º
Legislação subsidiária

A tudo o que não esteja especialmente previsto no presente diploma aplica--se subsidiariamente o Código do Procedimento Administrativo.

ARTIGO 123º
Relação das disposições legais referentes à construção

Até à codificação das normas técnicas de construção, compete aos membros do Governo responsáveis pelas obras públicas e pelo ordenamento do território promover a publicação da relação das disposições legais e regulamentares a observar pelos técnicos responsáveis dos projetos de obras e sua execução, devendo essa relação constar dos sítios na Internet dos ministérios em causa.

ARTIGO 124º
Depósito legal dos projetos

O Governo regulamentará, no prazo de seis meses a contar da data de entrada em vigor do presente diploma, o regime do depósito legal dos projetos de urbanização e edificação.

ARTIGO 125º
Alvarás anteriores

As alterações aos alvarás emitidos ao abrigo da legislação agora revogada e dos Decretos-Leis nºs 166/70, de 15 de abril, 46 673, de 29 de novembro de 1965, 289/73, de 6 de junho, e 400/84, de 31 de dezembro, regem-se pelo disposto no presente diploma.

ARTIGO 126º
Elementos estatísticos

1 – A câmara municipal envia mensalmente para o Instituto Nacional de Estatística os elementos estatísticos identificados em portaria dos membros do Governo responsáveis pela administração local e pelo ordenamento do território.

2 – Os suportes a utilizar na prestação da informação referida no número anterior serão fixados pelo Instituto Nacional de Estatística, após auscultação das entidades envolvidas.

ARTIGO 127º
Regiões Autónomas

O regime previsto neste diploma é aplicável às Regiões Autónomas, sem prejuízo do diploma legal que procede às necessárias adaptações.

ARTIGO 128º

[Revogado]

ARTIGO 129º
Revogações

São revogados:
a) O Decreto-Lei nº 445/91, de 20 de novembro;
b) O Decreto-Lei nº 448/91, de 29 de novembro;
c) O Decreto-Lei nº 83/94, de 14 de março;
d) O Decreto-Lei nº 92/95, de 9 de maio;
e) Os artigos 9º, 10º e 165º a 168º do Regulamento Geral das Edificações Urbanas, aprovado pelo Decreto-Lei nº 38 382, de 7 de agosto de 1951.

ARTIGO 130º
Entrada em vigor

O presente diploma entra em vigor 120 dias após a data da sua publicação.

ÍNDICE

PREÂMBULO   5

1. NOVIDADES EM MATÉRIA DE DELIMITAÇÃO DAS OPERAÇÕES
URBANÍSTICAS: UMA NOVA NOÇÃO DE OBRAS DE RECONSTRUÇÃO   7

2. REGULAMENTOS MUNICIPAIS (ARTIGO 3º DO RJUE)   11

3. OS PROCEDIMENTOS OU TRAMITES A DESENCADEAR ANTES
DA REALIZAÇÃO DA OPERAÇÃO URBANÍSTICA   13

    3.1. Âmbito do artigo 4º   13

    3.2. Isenções   15

    3.3. A comunicação prévia: uma nova configuração   18

    3.4. Licenciamento   26

    3.5. Autorização de utilização   30

    3.6. Consultas   35

4. LOTEAMENTOS URBANOS   41

5. RESPONSABILIDADE CIVIL DOS INTERVENIENTES
NAS OPERAÇÕES URBANÍSTICAS   51

6. REPOSIÇÃO DA LEGALIDADE URBANÍSTICA   53

7. ALTERAÇÕES PONTUAIS DISPERSAS   61

DECRETO-LEI Nº 136/2014 DE 09-09-2014   67

ANEXO – (a que se refere o artigo 10º) – Republicação do Decreto-Lei
nº 555/99, de 16 de dezembro – REGIME JURÍDICO DA URBANIZAÇÃO
E DA EDIFICAÇÃO   113